PROFESSORA, SIM;
TIA, NÃO

**PROFESSORA, SIM;
TIA, NÃO**
**CARTAS A QUEM
OUSA ENSINAR**

39ª edição

Paz & Terra
Rio de Janeiro
2025

Professora, sim; tia, não, Paulo Freire
© 1993 by Editora Villa das Letras

Direitos de edição da obra em língua portuguesa no Brasil adquiridos pela EDITORA PAZ E TERRA. Todos os direitos reservados. Nenhuma parte desta obra pode ser apropriada e estocada em sistema de banco de dados ou processo similar, em qualquer forma ou meio, seja eletrônico, de fotocópia, gravação etc., sem a permissão do detentor do copyright.

Diagramação: Editoriarte

EDITORA PAZ E TERRA LTDA.
Rua Argentina, 171 – 20921-380 – Rio de Janeiro/RJ - Tel.: (21) 2585-2000
http://www.record.com.br

Seja um leitor preferencial Record.
Cadastre-se e receba informações sobre nossos lançamentos e nossas promoções.

Atendimento e venda direta ao leitor:
sac@record.com.br

Texto revisado segundo o Acordo Ortográfico da Língua Portuguesa de 1990.

CIP-BRASIL. CATALOGAÇÃO NA PUBLICAÇÃO
SINDICATO NACIONAL DOS EDITORES DE LIVROS, RJ

F934p   Professora, sim; tia, não : cartas a quem ousa
39ª ed.   ensinar/Paulo Freire. – 39ª ed. – Rio de Janeiro:
        Paz e Terra, 2025.
        190 p. : il. ; 21 cm.

        ISBN 978-85-7753-416-6

        1. Professores e alunos. 2. Sociologia educacional. 3.
Comunicação na educação. I. Título.

                                CDD: 371.1023
13-05192   CDU: 37.064.2

Impresso no Brasil
2025

Professora, sim; Tia, não —
cartas a quem ousa ensinar.

Paulo Freire

Índice

	Devo dizer	11
	Prefácio	15
	A profissão do ensinante, uma tarefa prazerosa e igualmente exigente	
	Introdução	25
	Primeiras palavras	51
Primeira carta	Ensinar — aprender. Leitura do mundo — leitura da palavra	55
Segunda carta	Não deixe que seu medo do difícil paralise você	73
Terceira carta	De falar *ao* educando *a* falar *a* ele e *com* ele; de ouvir o educando a ser ouvida por ele	83
Quarta carta	Identidade cultural e educação	93
Quinta carta	Contexto concreto — Contexto teórico	103
Sexta carta	Das virtudes ou qualidades indispensáveis ao melhor desempenho de professoras e professores progressistas	121

Sétima carta	Das relações entre as educadoras e os educandos	135
Oitava carta	"Vim fazer o curso do magistério porque não tive outra possibilidade"	149
Nona carta	Primeiro dia de aula	159
Décima carta	Mais uma vez a questão da disciplina	171
Último texto	Saber e crescer: tudo a ver	179

A Albino Fernandes Vital, com quem experimentei, na infância longínqua, no Grupo Escolar Mathias de Albuquerque, no Recife, alguns dos momentos da prática educativa neste livro discutida.

A Albino, com amizade grande, jamais por nada ferida ou machucada.

A Jandira Vital, ao mundo de meu querer bem por Albino trazida.

Paulo Freire
São Paulo
Fevereiro/1993

Devo dizer

Esta nova edição do livro de Paulo Freire, *Professora, sim; tia, não*, com a qual a Paz e Terra nos brinda, sofreu uma cuidadosa, minuciosa e radical revisão a partir dos manuscritos de próprio punho de meu marido, como ele costumava fazer — e assim o fez em todos os escritos de sua extensa, profunda e fascinante obra —, com a ajuda inestimável de Becky Henriette Gonçalves Milano.

Fiz introduzir abaixo do nome do Autor o seu mais recente e importante título: o de Patrono da Educação Brasileira, nomeado através da Lei n° 12.612, assinada pela presidente Dilma Rousseff e pelo ministro da Educação Aloísio Mercadante, em 13 de abril de 2012.

Espero que este título com o qual o Estado Brasileiro consagra Paulo Freire como o maior educador de nosso país, em toda a nossa história, não seja apenas um ato simbólico de reconhecimento por sua obra e práxis. Que ele anuncie, na verdade, que o nosso governo tem vontade política de mudar a cara da escola e da educação em nosso país.

Foi conversando, em 2011, com minha querida amiga, a deputada federal Luiza Erundina — que tem, indiscutivelmente, uma enorme, sensível e profunda capacidade de "escutar" —, sobre qual seria uma grande e merecida homenagem a Paulo no ano em que ele completaria 90 anos de nascimento, que ressurgiu um projeto idealizado desde 2005 por nós duas. Na época, o mesmo fora arquivado pela Câmara dos Deputados sem discussões. Nessa conversa, com a aceitação e valorização das ideias e práxis de Paulo visivelmente maiores, além de inúmeras comemorações pelos seus 90 anos estarem acontecendo em várias partes do mundo, o projeto tomou maiores proporções: fazer de Paulo o Patrono da Educação Brasileira. Este, inegavelmente, um sonho tanto meu — e da grande maioria de militantes sociais e educadores e educadoras progressistas do Brasil, acredito —, quanto de Erundina, a quem Paulo serviu como secretário de educação, na sua gestão democrática, na cidade de São Paulo. Tarefa que ele cumpriu com seriedade, criatividade e espírito público, o que lhe rendeu a imensa admiração da prefeita (admiração esta mantida até os dias de hoje), de milhares de educadores de todo o mundo e dos educandos e educandas que, ensinando, aprenderam e usufruíram de sua compreensão político-libertadora de educação.

Erundina, neste mesmo dia de abril de 2011, engajou-se, com entusiasmo e sem reservas, nessa ideia. Apresentou um projeto de Lei na Câmara dos Deputados, que foi aprovado na Comissão de Educação e Justiça da Câmara Federal. Encaminhou-o, então, ao Senado Federal, que teve como parecerista o senador Cristovão Buarque, amigo pessoal de Paulo, educador por vocação mesmo que engenheiro por formação. Em ambas as Casas a proposta foi aprovada por unanimidade.

Devo dizer primeiramente que, dentro das mudanças feitas pela revisão mencionada, incluí um excelente prefácio especialmente para esta publicação, e para as outras que certamente virão, escrito com esmero, inteligência e criticidade pelo nosso amigo, meu antigo mestre, que me introduziu no gosto da filosofia nos idos anos de 1970, Jefferson Ildefonso da Silva. Em segundo lugar, que fiel ao *quê* e ao *como* Paulo escreveu estas Cartas às professoras, a ordem delas não é a mesma das edições anteriores. Alterei esta ordem "obedecendo" a vontade do Autor. Coloquei-as na sequência original, a mesma em que as tinha posto o político-educador; bem como completei alguns parágrafos omitidos nos exemplares socializados desde 1995.

Devo dizer ainda: com relação à questão do uso das vírgulas, Paulo utilizava-as com parcimônia, não as usava com o rigor das regras gramaticais porque considerava que as mesmas, muitas vezes, "emperram" a fluidez do texto. Por exemplo, Paulo jamais admitiu colocar vírgula na frase "Mudar é difícil mas é possível". Com relação ao uso de pronome reflexivo no início das frases: Paulo tinha decidido, conscientemente, que entre a regra culta e a beleza estética, ficava com esta. Por exemplo, escrevia sempre "Me aproximo..." e nunca "Aproximo-me...". Também não deixei que as editoras do livro atualizassem para a nova ortografia, a agora tida como correta, algumas palavras que são a marca da ideologia crítica e política de Paulo ao expor o seu pensamento teórico.

No decorrer da leitura do *Professora, sim; tia, não* o leitor constatará estas minhas afirmações, muitas vezes encaradas pelos fiéis e obedientes cumpridores das regras como um erro, mas que fiz questão de manter segundo o gosto estético e a decisão inteligentemente lúcida e sem medos de assim escrever do meu marido.

Pedi às editoras da Paz e Terra que atualizassem, e, em alguns momentos, corrigissem as referências bibliográficas das notas de rodapé, de acordo com as regras da ABNT, porque o Autor não tinha, habitualmente, a preocupação em ajustá-las às normas vigentes.

Assim, *Professora, sim; tia, não* adquiriu a autenticidade necessária, estou certa disso. Com cara nova, este livro celebra os 90 anos de nascimento de Paulo Freire, em 19 de setembro de 2011, e o seu honroso título de PATRONO DA EDUCAÇÃO BRASILEIRA.

Nita
Ana Maria Araújo Freire
São Paulo, 19 de agosto de 2012

Prefácio

A PROFISSÃO DO ENSINANTE, UMA TAREFA PRAZEROSA E IGUALMENTE EXIGENTE

A LEITURA DO LIVRO DE PAULO FREIRE *Professora, sim; tia, não* desperta em mim aquilo que Merleau-Ponty asseverava ser próprio do filósofo que "se reconhece como aquele que tem *inseparavelmente* o gosto da evidência e senso da ambiguidade"[1]. De pronto, a relação da professora com a tia aparece carregada de ambiguidades. Duas posições me vêm à memória:

A professora Jaqueline C., ao comentar em seu blog o resumo do livro *Professora, sim; tia, não*,[2] considera que ser "professora, é o que escolhi ser na vida para colaborar com um mundo melhor... não me importo de ser também 'tia'". Para ela, ser tia tem caráter afetuoso de aproximação da infantilidade da criança e de sua visão de mundo. Desperta a saudade dos tempos em que as professoras "eram muito mais valorizadas e tinham certo status social". Julga que a busca da qualidade do trabalho das professoras não seria afetada pelo fato de serem chamadas de "tia" ou professora.

---

[1] Maurice Merleau-Ponty, *Éloge de la philosophie:leçon inaugurale faite au Collège de France*. Paris, Galimmard, 1953.
[2] abcdejac.blogspot.com/2007/06/professora-sim-tia-nao.html, acessado em julho de 2013.

O professor Rubem Alves, em seu livro *Conversas com quem gosta de ensinar*[3] não contrapõe o professor à "tia", mas o professor ao educador. Ao professor cabe a profissão vista como uma atividade atrelada e limitada pela busca funcional da administração, na qual o que importa é a atividade exercida em favor do bom andamento do sistema e da eficiência dos resultados. O educador, ao contrário, é definido pela vocação, "como aquela que nasce de um grande amor, de uma grande esperança". A educação é algo que acontece nesse espaço invisível e denso do nascimento do amor que se estabelece a dois (professor e alunos); habita um mundo onde o que vale é a relação que liga o professor aos alunos, sendo cada aluno uma "entidade" inconfundível; acontece no espaço artesanal das relações pessoais. Professores e educadores são habitantes de mundos diferentes. A passagem de educador para professor se realiza pelo salto de pessoa para função. O educador é uma categoria do conceito irreal e utópico e, assim, não pode ser aprisionado pelo discurso científico sobre a educação que consolida a negação das relações pessoais do mundo humano. Por desconhecer as pessoas, em favor das instituições e dos procedimentos técnicos, tal discurso estabelece o verdadeiro "anti-humanismo" metodológico.

Rubem Alves conclui: "Não sei como preparar o educador. Talvez que isto não seja nem necessário, nem possível... É necessário acordá-lo. (...) Basta que os cha-

---

[3] Rubem Alves, *Conversas com quem gosta de ensinar*. São Paulo: Cortez/Autores Associados, 1980.

memos do seu sono, por um ato de amor e coragem. E talvez, acordados, repetirão o milagre da instauração de novos mundos."

Ambos os autores transitam entre a evidência e as ambiguidades, sem a busca de suas convergências e inclusões que Paulo Freire se preocupa em deslindar em seu texto. Recordo-me de Paulo nos meados dos anos 1980 quando, em um dos bares do Sumaré, dizia ao professor Alípio Casali e a mim que o professor só pode ser enxergado na relação da "mundanidade e da transcendentalidade". Essas palavras calaram fundo em meu interior e serviriam como norte na busca de compreensão das diversas falas de Paulo sobre o professor. Elas trazem a afirmação de que o professor se encontra inserido na densa realidade da vida dos homens em seu contexto social, econômico e político, e está inseparavelmente tomado pela busca da superação em direção ao mais-homem pela justiça e esperança.

Eram esses seus vislumbres de uma Pedagogia da esperança que acontecia no reencontro da Pedagogia do oprimido, onde o texto *Professora, sim; tia, não* representa o desafio de clareamento das ambiguidades e a evidência da construção da *solidariedade* que descarta toda possibilidade de separá-las, de dicotomizá-las. Dessa forma, Paulo vai além do círculo fechado do romantismo e do intimismo individualizante de um conceito etéreo de educador, muito distante da professora e do professor que aparecem tomados pela "reles" tarefa de ensinar. Pôde, assim, dizer abertamente que "minha intenção neste texto é mostrar que a tarefa do ensinante, que é também aprendiz, sendo prazerosa é igualmente exigente".

O prazer de ser, de se comportar e de ser tratado como "tia" não pode tisnar ou esmaecer a exigência científica e a rigorosidade do saber aprendido. O romantismo anestesiante será suplantado pela paixão da utopia que constrói com solidez a vida real dos oprimidos e pela militância corajosa que não compactua com a complacência diante da dominação. O mundo do educador é o mundo dos oprimidos, da construção na esperança da justiça e da solidariedade. Nele não há espaço para a valorização de si mesmo pela outorga premiadora dos dominadores, assim como para o mundo abstrato diferente do mundo da existência das mulheres e homens concretos que fincam seus arados no chão para não se perderem na busca das estrelas e dos seus sonhos. Paulo Freire não tem receios de afirmar e mostrar que "ensinar é profissão que envolve certa tarefa, certa *militância*, certa especificidade no seu cumprimento, enquanto ser *tia* é viver uma relação de parentesco. Ser professora implica assumir uma profissão, enquanto não se é *tia* por profissão".

Essa posição de Paulo Freire mostra que a profissão de professor implica envolver-se com a totalidade do mundo dos homens, o universo dos conhecimentos, das ciências e da cultura, o universo do trabalho e das tecnologias, o universo das lutas de mulheres e homens para construir suas vidas em sociedade com seus aspectos de solidariedade e com suas relações políticas. Fora disso, só haverá espaços "reservados", onde se movimentam os que buscam o poder e o domínio. Semelhante comportamento fica escancarado pela organização denominada Escola Sem Partido — Educação Sem Doutrinação (www.escolasempartido.org), que se autodefine como uma associação informal, independente e sem qualquer espécie de vinculação política, ideológica ou partidária, que pretende lutar pela ausência da política na educação da escola. Apela para o velho e surrado pretexto da neutralidade e se arvora em guardiã da liberdade e em vigilante contra a doutrinação na escola. Faz, assim, um discurso ideológico para encobrir a sanha política para conservar a hegemonia da dominação.

As reflexões de Paulo Freire sobre a totalidade da abrangência da função de ser professora, desenvolvidas no confronto dos dois primeiros blocos, *"Professora, sim"; "tia, não"*, abrem espaços para o desdobramento e o aprofundamento de temas basilares e atuais que pedem novos esclarecimentos das muitas ambiguidades que ainda persistem nas análises sobre o papel do educador e sua formação.

No terceiro bloco, "Cartas a quem ousa ensinar", Paulo mostra o quanto a prática pedagógica está carregada de ousadia, derivada do compromisso e da "esperança", que vai além da "espera" dolente e leniente, para se embeber da coragem nascida da certeza de poder contribuir para a construção de um novo mundo de mulheres e homens que se solidarizam e se afirmam pela produção da própria existência.

O ensinar se faz partilha pela comparticipação dos conhecimentos como bens produzidos pelas companheiras e companheiros de jornada e pela leitura do mundo que vão construindo. A assunção da relação pensamento-realidade constitui o significado pleno do estudar, do aprender, do ensinar dos sujeitos que ensinam e aprendem.

A professora e o professor se assumem como um dos sujeitos dessa função que é profundamente humana, inserida no âmago do fazer-se homem. Consequentemente, fica dominado pela alegria prazerosa do compromisso ousado do coexistir.

O diálogo fundamental entre professor e aluno não é um diálogo simplesmente funcional, mas passa pelo diálogo existencial com o mundo. Em nada diminui a individualidade concreta e existencial de ambos como sujeitos da construção de sua própria existência. Entretanto, o universo humano não se esgota na intimidade dos sujeitos. Sua mundanidade lhes dá o insubstituível chão do seu caminho e da sua história; em uma palavra, do seu existir.

O mundo é o grande livro que pede a busca de ser compreendido e lido pelo confronto crítico e coerente com o universo do leitor, com os saberes anteriores e com a cotidianidade da vida. A expressão pela palavra e pela escrita faz a mediação para essa integração na aprendizagem, onde a ciência e a cultura atuam para seu crescimento e para a ampliação da transformação da realidade concreta. O ler e reler do mundo cria o estudar que dá o dinamismo da recriação de novas tessituras da vida. A escrita expressa as diversas leituras e releituras do mundo, feitas pelos sucessivos convivas da mundanidade no desenrolar da história.

O grande obstáculo da ousadia é o medo que gera desconfiança e se torna empecilho para a esperança. Assim, a leitura e o estudo aplainam o caminho da capacitação que favorece a compreensão e dá a segurança necessária para estabelecer o diálogo com o escritor e o mundo, levando à aproximação e afastando o medo. O estudo é uma empreitada difícil que exige disciplina intelectual, busca de "instrumentos auxiliares" e trocas com os colegas e, especialmente, da mediação do professor como integrador, apoio e parceiro. No dizer de Paulo: "Nisto se encontra o *difícil* e o *apaixonante* do ato de ler."

A valorização social da função de professor está fundada no reconhecimento de sua importância para a formação de indivíduos participantes da construção da sociedade e dos seus bens e valores. A respeitabilidade ao professor exige deste qualificação e responsabilidade no exercício da sua profissão. Não é mais suficiente o discurso romântico da vocação ou as considerações abstratas dos valores do passado, dos tempos em que a professora e o professor eram simples instrumentos dóceis do poder dos poderosos. O engajamento da atual professora ou professor no projeto político e econômico de sociedade — que se torna ambivalente diante das divisões dos seus espaços — requer deles clareza de opção e coerência de atitudes para sustentar o sentido simultaneamente educativo e transformador de sua função. Nas palavras de Paulo Freire: "Mas podemos, também, com nossa responsabilidade, preparo científico e gosto do ensino, com nossa seriedade e testemunho de luta contra as injustiças, contribuir para que os educandos vão se tornando *presenças* marcantes no mundo."

Na educação, assim como no ensino em todos os seus passos, é indispensável o diálogo entre todos os participantes do processo educativo-docente. Entretanto, todos são pessoas e indivíduos existencialmente e historicamente vinculados ao conjunto de suas relações na sociedade e no mundo. Os diferentes modos de se vincularem os fazem diferentes e os possibilitam assim a contribuirem, a seu modo, na complexa construção do todo social e de sua própria existência.

O testemunho da professora e do professor é a forma mais consistente de ensinar os valores da vida e das relações humanas. A atitude de coerência entre o fazer e o falar lhes confere a firmeza em seu papel de orientadores da aprendizagem. O senso de justiça nas relações é determinante para afastar a leniência do *"laissez-faire"* e a arbitrariedade do autoritarismo, fazendo nascer a responsabilidade compartilhada, geradora da disciplina responsável. A consciência da essencialidade da participação e responsabilidade de educandos e educadores permite que a educação os conduza pelos caminhos da construção de sua existência, marcada por determinações da herança biológica humanizada pelo meio cultural. Paulo Freire lucidamente explica que "um dado importante, como ponto de partida para a compreensão crítica do crescer entre nós, existentes, é que, 'programados para aprender', vivemos ou experimentamos ou nos achamos abertos a experimentar a relação entre o que herdamos e o que adquirimos".

A mutualidade da relação dá ao encontro e à partilha a característica de envolvimento integrado de sujeitos e coisas, na prática da ação que transforma, assim como no saber da própria prática. Pela ação, as coisas se fazem mundo e os sujeitos se fazem consciência e expressão dessa prática, gerando o conhecimento, a ciência e a teoria.

A preciosidade destes colóquios de Paulo Freire em todo o livro e especialmente nas suas cartas se evidencia pelo valor que atribui à cotidianidade da professora e do professor que ousam ensinar no pleno sentido da expressão.

Assim, fecho minhas considerações sobre o grande significado deste texto para todos os verdadeiros e ousados professores, relembrando as palavras de Maurice Lagueux que, em suas análises sobre a tarefa filosófica nos dias atuais, assim as sintetiza: "Como primeira aproximação, realizar uma obra filosófica é esforçar-se para manter integrados, com toda a coerência intelectual, os diversos aspectos da experiência humana. (...) A coerência buscada não é jamais atingida, é muito mais um difícil equilíbrio que será preciso ser constantemente reajustado, sempre se confrontando aos novos dados que invadem insistentemente o que já se apresentava adquirido. (...) Parece-me que o que realmente importa é a tentativa exigente em manter *coabitando em nós,* sem emasculá-los, os dados brutais da experiência humana"[4]

Jefferson Ildefonso da Silva
Doutor em História e Filosofia da Educação pela
Pontifícia Universidade Católica de São Paulo
Professor aposentado da Universidade Federal de Uberlândia
Fevereiro, 2012

---

[4] Maurice Laguoux, "Pourquoi enseigner la philosophie?", in Paul Ricoeur, *Pourquoi la philosophie? Approches de la tâche philosophique aujourd'hui*, Québec, Les Presses de l'Université du Québec, 1970.

Introdução

Termino de ler a primeira cópia, como geralmente chamamos o exemplar impresso, pronto, *morno* ou ainda *quente*, do livro que findamos de escrever. Esse exemplar que nos chega às mãos antes mesmo que a edição vá para as livrarias. Refiro-me à *Pedagogia da esperança: um reencontro com a Pedagogia do oprimido* que a editora Paz e Terra acaba de lançar.

O próprio título deste livro, *Pedagogia da esperança*, não foi uma escolha antecipada, como às vezes ocorre com livros que escrevemos. Nasceu nas conversas com amigos, entre eles Werner Linz, seu editor norte-americano, em torno do próprio movimento que a redação do texto geralmente vai imprimindo ao pensamento de quem escreve. Neste caso, que a redação do texto veio insinuando a meu pensamento no trato com a *Pedagogia do oprimido*. É que, na verdade, escrever não é um puro ato mecânico, precedido de um outro, que seria um ato *maior*, mais importante, o ato de pensar ordenadamente, organizadamente, sobre um certo objeto, em cujo exercício o sujeito pensante, apropriando-se da significação mais profunda do objeto sendo pensado, termina por apreender a sua razão de ser. Termina por saber o objeto. A partir daí, então, o sujeito pensante, num desempenho puramente mecânico, *escreve* o que sabe e sobre o que pensou antes. Não! Não é bem assim que se dão as coisas. Agora mesmo, no momento exato em que escrevo sobre isto, quer dizer, sobre as relações *pensar, fazer, escrever, ler, pensamento, linguagem, realidade*, experimento a *solidariedade* entre esses diversos momentos, a total impossibilidade de separá-los, de dicotomizá-los.

Se isto não significa que após pensar ou enquanto penso eu deva automaticamente escrever, isto significa, porém, que guardo em meu corpo consciente e falante, ao pensar, a possibilidade de escrever da mesma forma que, ao escrever, continuar a pensar e a repensar o pensando-se como o já pensado.

Esta é uma das violências que o analfabetismo realiza — a de *castrar* o corpo consciente e falante de mulheres e de homens, proibindo-os de ler e de escrever, com o que se limitam na capacidade de, lendo o mundo, escrever sobre sua leitura dele e, ao fazê-lo, repensar a própria leitura.

Mesmo que não zere as milenares e socialmente criadas relações entre linguagem, pensamento e realidade, o analfabetismo as mutila e se constitui num obstáculo à assunção plena da cidadania. E as mutila porque, nas culturas letradas, interdita analfabetos e analfabetas de completar o ciclo das relações entre linguagem, pensamento e realidade, ao fechar a porta, nestas relações, ao lado *necessário* da linguagem escrita. É preciso não esquecer de que há um movimento dinâmico entre pensamento, linguagem e realidade do qual, se bem-assumido, resulta uma crescente capacidade criadora de tal modo que, quanto mais vivemos integralmente esse movimento tanto mais nos tornamos sujeitos críticos do processo de conhecer, de ensinar, de aprender, de ler, de escrever, de estudar.

No fundo, estudar, na sua significação mais profunda, envolve todas estas operações solidárias entre elas. O importante agora é deixar claro e, em certo sentido, repetindo-me um pouco, que o processo de escrever que me traz à mesa, com minha caneta especial, com minhas folhas de papel em branco e sem linhas, condição fundamental para que eu escreva, começa antes mesmo de que eu chegue à mesa, nos momentos em que atuo ou pratico ou em que sou pura reflexão em torno de *objetos*, continua quando, pondo no papel da melhor maneira que me parece os resultados provisórios, sempre provisórios, de minhas reflexões, continuo a refletir, ao escrever, aprofundando um ponto ou outro que me passara despercebido quando antes refletia sobre o *objeto*, no fundo, sobre a prática.

É por isso que não é possível reduzir o ato de escrever a um exercício mecânico. O ato de escrever é mais complexo e mais demandante do que o de pensar sem escrever.

De fato, minha intenção inicial era escrever um novo prefácio ou uma nova introdução em que, retomando a *Pedagogia do oprimido*, revisse-a em alguns de seus aspectos centrais, revendo igualmente algumas das críticas que o livro não apenas sofreu, mas, em certos casos, continua a sofrer. E foi entregando-me a este esforço por meses que o que seria uma nova introdução se torna um novo livro, com ares um pouco de memórias da *Pedagogia do oprimido* — cuja primeira cópia acabo de reler.

É assim, ainda mergulhado na *Pedagogia da esperança*, *molhado* da esperança com que o escrevi, instigado por muitos de seus temas abertos a novas reflexões que me entrego agora a uma nova experiência, sempre desafiadora, sempre fascinante, a de lidar com uma temática, o que implica desnudá-la, clareá-la, sem que isto signifique jamais que o sujeito desnudante possua a última palavra sobre a verdade dos temas que discute.

Professora, sim; tia, não: cartas a quem ousa ensinar, eis o enunciado geral que temos diante de nós a exigir um primeiro empenho de compreensão. O de entender, tão bem quanto possível, não propriamente o significado em si de cada uma das palavras que compõem o enunciado geral, mas compreender o que elas ganham ou perdem, individualmente, enquanto inseridas numa trama de relações.

O enunciado que fala do tema tem três blocos: a) *Professora, sim*; b) *tia, não*; c) *cartas a quem ousa ensinar.*

No fundo, o discurso sintético ou simplificado, mas bastante comunicante, poderia, de forma ampliada, ser assim feito: minha intenção neste texto é mostrar que a tarefa da ensinante, que é também aprendiz, sendo prazerosa é igualmente exigente. Exigente de seriedade, de preparo científico, de preparo físico, emocional, afetivo. É uma tarefa que requer de quem com ela se compromete um gosto especial de querer bem não só aos outros, mas ao próprio processo que ela implica. É impossível ensinar sem essa coragem de querer bem, sem a valentia dos que insistem mil vezes antes de uma desistência. É impossível ensinar sem a capacidade forjada, inventada, bem-cuidada de amar. Daí que se diga no terceiro bloco do enunciado: *cartas a quem ousa ensinar*. É preciso ousar, no sentido pleno desta palavra, para falar em *amor* sem temer ser chamado de *piegas*, de *meloso*, de a-científico, senão de anticientífico. É preciso ousar para dizer, cientificamente e não "blá-blá-blantemente", que estudamos, aprendemos, ensinamos, conhecemos com o nosso corpo inteiro. Com os sentimentos, com as emoções, com os desejos, com os medos, com as dúvidas, com a paixão e também com a razão crítica. Jamais com esta apenas. É preciso ousar para ficar ou permanecer ensinando por longo tempo nas condições que conhecemos, malpagos, desrespeitados e resistindo ao risco de cair vencidos pelo cinismo. É preciso ousar, aprender a ousar, para dizer *não* à burocratização da mente a que nos expomos diariamente. É preciso ousar para continuar quando às vezes se pode deixar de fazê-lo, com vantagens materiais.

Nada disso, porém, converte a tarefa de ensinar num *quefazer* de seres pacientes, dóceis, acomodados, porque, portadores de missão tão exemplar que não pode se conciliar com atos de rebeldia, de protesto, como greves, por exemplo. A tarefa de ensinar é uma tarefa profissional que, porém, exige amorosidade, criatividade, competência científica, mas recusa a estreiteza cientificista, que exige a capacidade de brigar pela liberdade sem a qual a própria tarefa fenece.

O que me parece necessário na tentativa de compreensão crítica do enunciado "professora, sim; tia, não", se não é opor a professora à tia, não é também identificá-las ou reduzir a professora à condição de *tia*. A professora pode ter sobrinhos e, por isso, é tia da mesma forma que qualquer tia pode ensinar, pode ser professora, por isso, trabalhar com alunos. Isto não significa, porém, que a tarefa de ensinar transforme a *professora* em *tia* de seus alunos da mesma forma como uma *tia* qualquer não se converte em *professora* de seus sobrinhos só por ser *tia* deles. Ensinar é profissão que envolve certa tarefa, certa *militância*, certa especificidade no seu cumprimento enquanto ser *tia* é viver uma relação de parentesco. Ser professora implica assumir uma profissão enquanto não se é *tia* por profissão. Se pode ser *tio* ou *tia* geograficamente ou afetivamente distante dos sobrinhos, mas não se pode ser autenticamente *professora*, mesmo num trabalho a longa distância, "longe" dos alunos.

O processo de ensinar, que implica o de educar e vice-versa, envolve a "paixão de conhecer" que nos insere numa busca prazerosa, ainda que nada fácil. Por isso é que uma das razões da necessidade da *ousadia* de quem se quer fazer *professora*, educadora, é a disposição pela briga justa, lúcida, em defesa de seus direitos como no sentido da criação das condições para a alegria na escola, um dos sonhos de Snyders.[5]

Recusar a identificação da figura da *professora* com a da *tia* não significa, de modo algum, diminuir ou menosprezar a figura da *tia*, da mesma forma como aceitar a identificação não traduz nenhuma valoração à *tia*. Significa, pelo contrário, retirar algo fundamental à *professora*: sua responsabilidade profissional de que a exigência política por sua formação permanente faz parte.

A recusa, a meu ver, se deve, sobretudo, a duas razões principais. De um lado, evitar uma compreensão distorcida da tarefa profissional da *professora*, de outro, desocultar a *sombra* ideológica repousando manhosamente na intimidade da falsa identificação. Identificar *professora* com *tia*, o que

---
[5] Georges Snyders, *La Joie à l'école*. Paris: PUF, 1986.

foi e vem sendo ainda enfatizado sobretudo na rede privada em todo o país, é quase como proclamar que *professoras*, como boas *tias*, não devem brigar, não devem rebelar-se, não devem fazer greve. Quem já viu dez mil *"tias"* fazendo greve, sacrificando seus *sobrinhos*, prejudicando-os no seu aprendizado? E essa ideologia que torna o protesto necessário da *professora* como manifestação de seu desamor aos alunos, de sua irresponsabilidade de *tias*, se constitui como ponto central em que se apoia grande parte das famílias com filhos em escolas privadas. Mas também ocorre com famílias de crianças de escolas públicas.

Me lembro agora de como o então presidente da Associação de Professores do Estado de São Paulo — APEOESP —, professor Gumercindo Milhomem, alguns anos passados, respondeu à acusação de famílias de alunos das escolas da rede estadual, em greve, num programa de televisão. As famílias acusavam os professores de prejudicar seus filhos, descumprindo o seu dever de ensinar, ao que Gumercindo respondeu que "havia um equívoco na acusação. Professoras e professores, em greve", dizia ele, "estavam ensinando, estavam dando a seus alunos, pelo seu testemunho de luta, lições de democracia" de que tanto precisamos neste país, acrescento eu agora.

É bom deixar claro que, ao falar naquela sombra ideológica, não queria dizer, de modo algum, que sua presença oculta na inaceitável identificação, tivesse sido decidida em alguma reunião secreta de representantes das classes dominantes que tivessem deliberado *minar* a resistência de uma categoria da classe trabalhadora. Da mesma forma como o que há de ideológico no conceito de *evasão escolar* ou no *advérbio fora* na afirmação: "há oito milhões de crianças brasileiras *fora* da escola" não significa um ato decidido dos poderosos para camuflar as situações concretas, de um lado, da *expulsão* das crianças das escolas; de outro, da *proibição* de que nelas entrem as crianças. Na verdade, não há crianças se *evadindo* das escolas como não há crianças *fora* das escolas como se não estivessem dentro só porque não quisessem, mas crianças ora *proibidas* pelo sistema de entrar nas escolas, ora de nelas permanecer.

Assim também *professora* não é *tia*.

Mas, se nem sempre as *sombras* ideológicas são deliberadamente forjadas, programadas pelo poder de classe, a sua força opacizante da realidade serve indiscutivelmente aos interesses dominantes. A ideologia do poder não apenas *opaciza* a realidade mas também nos torna *míopes* para ver claramente a realidade. O seu poder é domesticante e nos deixa, quando tocados e deformados por ele, ambíguos e indecisos. Daí ser fácil entender a observação que uma jovem professora[6] da rede municipal de São Paulo me fez, em conversa recente comigo: "Em que medida certas *professoras* querem mesmo deixar de ser *tias* para assumir-se como *professoras*? Seu medo à liberdade as conduz à falsa paz que lhes parece existir na situação de *tias*, o que não existe na aceitação plena de sua responsabilidade de *professoras*."

O ideal será quando, não importa qual seja a política da administração, progressista ou reacionária, as *professoras* se definam sempre como *professoras*. O lamentável é que oscilem entre ser bem-comportadamente *tias* em

---

[6] Anoréa Pellegrini Marques.

administrações autoritárias e rebeldemente *professoras* em administrações democráticas. Minha esperança é que, experimentando-se livremente em administrações *abertas*, terminem por guardar o gosto da liberdade, do risco de criar, e se vão preparando para assumir-se plenamente como *professoras*, como *profissionais* entre cujos deveres se acha o de testemunhar a seus alunos e às famílias de seus alunos o de, sem arrogância, mas com dignidade e energia, recusar o arbítrio e o todo-poderosismo de certos administradores chamados *modernos*. Mas, o de recusar esse todo-poderosismo e esse autoritarismo, qualquer que seja a forma que eles tomem, não isoladamente, na qualidade de Maria, de Ana, de Rosália, de Antônio ou de José.

Esta posição de luta democrática em que as professoras testemunham a seus alunos os valores da democracia lhes coloca, entre outras, três exigências basilares:

1] a de jamais transformarem ou entenderem esta como uma luta singular, individual, por mais que possa haver, em muitos casos, perseguições mesquinhas contra esta ou aquela professora por motivos pessoais;
2] a de, por isso mesmo, estar sempre ao lado de suas companheiras desafiando também os órgãos de sua categoria para que deem o bom combate;
3] a de, tão importante quanto as outras e que já encerra em si o exercício de um direito, exigirem, brigando por sua efetivação, sua formação permanente autêntica — a que se funda na experiência de viver a tensão dialética entre teoria e prática. Pensar a prática enquanto a melhor maneira de aper-

feiçoar a prática. Pensar a prática através de que se vai reconhecendo a teoria nela embutida. A avaliação da prática como caminho de formação teórica e não como instrumento de mera recriminação da professora.

A avaliação da prática da professora se impõe por uma série de razões. A primeira está ligada ou faz parte da própria natureza da prática, de qualquer prática. Quero dizer o seguinte: simplesmente toda prática coloca a seus sujeitos, de um lado, sua programação, de outro, sua avaliação permanente.

Programar e avaliar não são, contudo, momentos separados, um à espera do outro. São momentos em permanentes relações.

A programação inicial de uma prática, às vezes, é refeita à luz das primeiras avaliações que a prática sofre. Avaliar implica, quase sempre, reprogramar, retificar. A avaliação, por isso mesmo, não se dá apenas no momento que nos parece ser o final de certa prática.

A segunda razão por que a avaliação se impõe está exatamente na necessidade que têm os seus sujeitos de, acompanhando passo a passo a ação dando-se, observar se seus objetivos estão por ser alcançados. Afinal, se a prática nos está levando à concretização do sonho por causa do qual estamos praticando.

Neste sentido, a avaliação da prática é fator importante e indispensável à formação da educadora. Quase sempre, lamentavelmente, avaliamos a pessoa da professora e não sua prática. Avaliamos para punir e não para melhorar a ação dos sujeitos e não para *formar*.

Um outro equívoco que cometemos por causa, possivelmente, desse deslocamento de foco — em lugar de avaliar para melhor formar, avaliamos para punir — está em que um pouco ou quase nada nos preocupa o contexto em que a prática se dará de uma certa maneira com vistas aos objetivos que temos. Por outro lado, em como mecanicamente pomos a avaliação para o fim do processo. Acontece que o bom começo para uma boa prática seria a avaliação do contexto em que ela se dará. A avaliação do contexto significa um reconhecimento do que vem nele ocorrendo, como e por quê. Neste sentido, esse pensar crítico sobre o contexto que implica avaliá-lo, precede a própria programação da *intervenção* que pretendemos exercer sobre ele, ao lado daqueles e daquelas com quem trabalharemos.

Os *grupos de formação*, em defesa de que a professora Madalena Freire Weffort vem sendo infatigável — o de professoras, o de diretoras, o de coordenadoras pedagógicas, o de merendeiras, o de vigias, o de zeladores, o de pais e mães, à maneira do que realizamos na recente administração da prefeita Luiza Erundina e não apenas os chamados cursos de férias em que, não importa a competência científica dos convidados a dar aulas ou conferências, as professoras expõem seu corpo, curiosamente ou não, ao discurso dos competentes. Discurso que quase sempre se perde por "n" razões que já conhecemos.

É preciso gritar alto que, ao lado de sua atuação no sindicato, a formação científica das *professoras*, iluminada por sua clareza política, sua capacidade, seu gosto de saber mais, sua curiosidade sempre desperta são dos melhores instrumentos políticos na defesa de seus interesses e de seus direitos. Entre eles, por exemplo, o de recusar o papel de puras seguidoras dóceis dos *pacotes* que *sabichões* e *sabichonas* produzem em seus gabinetes numa demonstração inequívoca, primeiro, de seu autoritarismo, segundo, como alongamento do autoritarismo, de sua absoluta descrença na possibilidade que têm as professoras de saber e de criar.

E o curioso nisso tudo é que, às vezes, os "sabichões" e as "sabichonas" que elaboram com pormenores seus *pacotes* chegam a explicitar, mas quase sempre deixam implícito em seu discurso que um dos objetivos precípuos dos *pacotes*, que não chamam assim, é possibilitar uma prática docente que forje mentes críticas, audazes e criadoras. E a extravagância de uma tal expectativa está exatamente na contradição chocante entre o comportamento apassivado da *professora*, escrava do *pacote*, domesticada a seus guias, limitada na aventura de criar, contida em sua autonomia e na autonomia de sua escola e o que se espera da prática dos *pacotes*: crianças livres, críticas, criadoras.

Creio que um dos caminhos táticos para *professoras* competentes, politicamente claras, críticas, que, recusando ser *tias*, se afirmam profissionalmente como *professoras*, é desmitificar o autoritarismo dos *pacotes* e das administrações *pacoteiras*, na intimidade de seu mundo, que é também o de seus alunos. Na sua sala de aula, fechada a porta, dificilmente seu mundo é desvelado.

É por isso que as administrações autoritárias, algumas até dizendo-se avançadas, procuram, por diferentes caminhos, introjetar no corpo das gentes o medo à liberdade. Quando se consegue isso a *professora* guarda dentro de si, *hospedada* em seu corpo, a sombra do dominador, a ideologia autoritária da administração. Não está apenas com seus alunos porque entre ela e eles, vivo e forte, punitivo e ameaçador, o arbítrio que nela habita.[7]

Esta é a forma menos cara de controlar e, em certo sentido, a mais perversa. Mas há outra, a que se serve da tecnologia. De seu gabinete, a diretora pode controlar ouvindo ou vendo e ouvindo o que dizem e o que fazem as professoras na intimidade de seu mundo.

As professoras sabem que o diretor não pode controlar vinte, cinquenta, duzentos professores ao mesmo tempo, mas não sabem quando lhes cabe a vez de sê-lo. Daí a necessária inibição. As professoras, em tal situação, viram, para usar expressão ao gosto da professora Ana Maria Freire,[8] "corpos interditados", proibidos de ser.

Uma das manhas de certos autoritários cujo discurso bem que podia defender que *professora* é *tia* e, quanto mais bem comportada melhor para a formação de seus *sobrinhos*, é a que fala claramente de que a escola é um espaço exclusivo do puro ensinar e do puro aprender. De um ensinar e de um aprender tão tecnicamente tratados,

---

[7] Interessante, a propósito deste assunto, a leitura entre outras de Franz Fanon, *Os condenados da Terra*. Rio de janeiro; Civilização Brasileira, 1979 [Juiz de Fora: UFSF, 2002]. Albert Memmi, *Retrato do colonizado, precedido do retrato do colonizador*. São Paulo: Paz e Terra, 1989 [Rio de Janeiro: Civilização Brasileira, 2007]; e Paulo Freire, *Pedagogia do oprimido* e *Pedagogia da esperança*. Rio de Janeiro: Paz e Terra, 1977, 4ª edição [48ª edição, São Paulo: Paz e Terra, 2011], São Paulo: Paz e Terra, 1992 [17ª edição, São Paulo: Paz e Terra, 2011].

[8] Ana Maria Freire, *Analfabetismo no Brasil: Da ideologia da interdição do corpo à ideologia nacionalista ou de como deixar sem ler e escrever desde as Catarinas (Paraguaçu), Filipas, Madalenas, Anas, Genebras, Apolônios e Grácias até os Severinos*. São Paulo: Cortez Editora, 1989.

tão bem-cuidados e seriamente defendidos da natureza política do ensinar e do aprender que torna a escola os sonhos de quem pretende a preservação do *"status quo"*.

Não sendo neutro o espaço da escola, não significa porém que deva transformar-se numa espécie de *terreiro* de um partido no governo. O que, contudo, não é possível é negar ao partido no governo a coerência altamente pedagógica, indispensável, entre suas opções políticas, suas linhas ideológicas e sua prática governamental. Preferências políticas reconhecíveis ou ficando desnudas através das opções de governo, explicitadas desde a fase da campanha eleitoral, reveladas nos planos de governo, na proposta orçamentária, que é uma peça política e não só técnica, nas linhas fundamentais de educação, de saúde, de cultura, de bem-estar social; na política de tributação, no desejo ou não de reorientar a política dos gastos públicos; no gozo com que a administração prioriza a boniteza das áreas já *bem-tratadas* da cidade em detrimento das áreas enfeiadas [sic] da periferia.

Como, por exemplo, esperar de uma administração de manifesta opção elitista, autoritária, que considere, na sua política educacional, a autonomia das escolas? Em nome da chamada pós-modernidade liberal? Que considere a participação real dos e das que fazem a escola, dos zeladores e cozinheiras às diretoras, passando pelos alunos, pelas famílias e até pelos vizinhos da escola, na medida em que esta vá se tornando uma casa da comunidade? Como esperar de uma administração autoritária, numa Secretaria qualquer, que governe através de colegiados, experimentando os sabores e os dissabores da aventura democrática?

Como esperar de autoritários e autoritárias a aceitação do desafio de aprender com os outros, de tolerar os diferentes, de viver a tensão permanente entre a paciência e a impaciência; como esperar do autoritário ou autoritária que não estejam demasiado certos de suas certezas? O autoritário, que se alonga em sectário, vive no ciclo fechado de sua verdade em que não admite nem dúvidas em torno dela, quanto mais recusas.

Pode-se dizer, sem medo de errar, que uma administração autoritária foge da democracia como o diabo da cruz.

A continuidade administrativa de cuja necessidade se vem falando entre nós só poderia existir plenamente se, na verdade, a administração da coisa pública não estivesse envolvida com *sonhos* e com a luta para materializá-los. Se a administração da cidade, do estado, do país fosse uma coisa neutra; se a administração da coisa pública pudesse ser reduzida, em toda a sua extensão, a um puro fazer técnico, fazer que, por sua vez, enquanto técnico, pudesse ser neutro. E isto não existe.

Vejo nesta discussão dois aspectos centrais. De um lado, a carência entre nós, ainda, de uma compreensão mais crítica do governo, dos partidos, da política, da ideologia. Pensa-se, por exemplo, em grande medida, que a administração depende totalmente da figura que se elege para a chefia do executivo. Dela ou dele tudo se espera para a primeira semana de governo. Não se tem uma compreensão do governo como totalidade.

Recentemente me disse amiga minha ter ouvido de seu cabeleireiro, assíduo frequentador do Teatro Municipal, há anos, estar absolutamente convencido de que dificilmente poderia alguém à frente da Secretaria Municipal de Cultura, desde que ela existe, se ter a ela entregue de forma mais competente, mais crítica, mais séria do que Marilena Chauí a ela se deu. "Não votei, porém, em Suplicy", disse o cabeleireiro de minha amiga, "porque Erundina, tão petista quanto ele, não fez grandes obras".

Para esse homem, amoroso das artes, da dança, da música, da cultura, enfim, nada do que foi realizado pela Secretaria da Cultura tinha que ver, primeiro, com Erundina, segundo, nada disso podia se arrolar entre *grandes obras*.

"Encontramos a Secretaria Municipal de Educação", disse recentemente o secretário Mário Sergio Cortella, fato de que sou testemunha, "com 63% de suas escolas deterioradas — algumas tiveram de ser interditadas. Entregamos agora a administração com 67% de suas escolas em ótimo estado".

Grandes obras são apenas viadutos, túneis, praças arborizadas nas zonas felizes da cidade.

O segundo aspecto a que gostaria de referir-me na discussão deste tema é o da responsabilidade da cidadania. Será a consciência crítica de nossa responsabilidade social e política, enquanto sociedade civil, não para substituir as tarefas do Estado, deixando-o dormir em paz, mas aprendendo a mobilizar-nos e a organizar-nos para melhor fiscalizar o cumprimento ou o não cumprimento, por parte do Estado, dos seus deveres constitucionais, que poderemos caminhar no sentido de um amplo diálogo, no seio da sociedade civil, juntando legítimas representações suas e os partidos, progressistas e conservadores, no sentido de estabelecer-se quais os limites mínimos que poderiam se conciliar com contraditórios interesses dos diferentes segmentos da sociedade. Quer dizer, estabelecer-se os limites dentro dos quais essas diferentes forças político-ideológicas se sentiriam em paz para a continuidade da administração pública.

O que me parece lamentável é que obras materiais ou programas de natureza social sejam abandonados exclusiva ou preponderantemente porque o novo administrador tem raivas pessoais de seu antecessor. Por isso, então, paralisa o andamento de algo que tinha significação social.

Por outro lado, não vejo por que nem como administração que assume o governo com discurso e propostas progressistas deva manter, em nome da continuidade administrativa, programas indiscutivelmente elitistas e autoritários.

Às vezes certo discurso neoliberal critica candidatos e partidos de corte progressista acusando-os de estarem superados por ideológicos; que o povo já não aceita tais discursos, mas os discursos técnicos e competentes. Em primeiro lugar, não há discurso técnico e competente que não seja naturalmente ideológico também.

Para mim o que o povo recusa, cada vez mais, sobretudo tratando-se de partidos progressistas, é a insistência anti-histórica de se comportarem "stalinistamente". Partidos progressistas que, perdendo o endereço da História, se comportam de certa forma que mais parecem velhas escolas tradicionais do começo do século, ameaçando e suspendendo militantes cujo comportamento não lhes agrada. Essas lideranças não percebem que nem sequer podem sobreviver se se conservam *moder-*

nas quanto mais tradicionalmente arbitrárias. O que a História lhes exige é que se tornem pós-modernamente progressistas. É isto que o povo espera; é com isto que seus eleitores sensíveis e críticos, sincronizados com a História, sonham.

Para mim o que o povo recusa é a discurseira sectária, os slogans envelhecidos e o que nem sempre nos vem sendo fácil é perceber que não se pode, em termos críticos, esperar de candidato de partido autoritário e elitista um governo popular. Não creio possível superar as razões das distorções a que somos levados na compreensão do que é boa política ou má política de gastos públicos a que se acha associada a questão do que são *grandes obras* ou não, trabalhando apenas os obstáculos no processo de conhecer mais criticamente dados objetivos da realidade. Temos que trabalhar os obstáculos ideológicos sem o que não preparamos o caminho para lucidamente perceber, por exemplo, que entre mim e o candidato em quem voto há muito mais do que uma relação afetiva ou de gratidão. Se sou grato a uma pessoa reacionária posso e devo manifestar minha gratidão a ela. Mas minha gratidão não pode estar envolvida com o interesse público. Se minha utopia, meu sonho, pelo qual luto ao lado de tantos outros, são o contrário antagônico do sonho do candidato reacionário, não posso nele ou nela votar. Minha gratidão não pode me levar a trabalhar contra meu sonho que não é só meu. Não tenho o direito de expô-lo para *pagar* uma *dívida* que é só minha.

Votar em A ou B não é uma questão de ajudar A ou B a se eleger mas delegar a alguém, em certo nível de poder político, na democracia, a possibilidade de brigar por um sonho possível. Em nenhuma hipótese, pois, devo e posso votar em alguém que, eleito ou eleita, vai brigar contra meu sonho.

É incrível que continuemos a votar para o executivo num candidato progressista mas, para o legislativo num reacionário simplesmente porque nos ajudou um dia usando seu poder.

Voltemos um pouco à compreensão do que se considera como sendo *grandes obras*. Em primeiro lugar, esta compreensão se acha fortemente marcada pela ideologia dominante. Assim como só os que têm poder definem ou perfilam os que não o têm, definem também o que é bom gosto, o que é ético, o que é bonito, o que é bom. As classes populares, subordinadas, ao introjetar a ideologia dominante, introjetam, sem dúvida, obviamente, muitos de seus critérios de valor. É preciso porém reconhecer-se que este é um processo dialético e não mecânico. Isto significa que as classes populares recusam, às vezes, sobretudo quando se acham experimentando-se na luta política em favor de seus direitos e de seus interesses, a forma em que as dominantes pretendem pô-las. Às vezes refazem a ideologia dominante com elementos próprios. De qualquer maneira, porém, para muita gente popular de verdade, *grandes obras* são o que são para as classes dominantes. Avenidas, jardins, embelezamento do que já está bonito na cidade, túneis, viadutos, obras que, indiscutivelmente podendo significar algum interesse para as classes populares, pois que a cidade é uma totalidade, não atendem contudo às necessidades prioritárias das classes populares mas às das classes abastadas.

Não quero sequer sugerir que uma administração progressista, democrática, radical, mas jamais sectária, deixe de responder aos desafios com que se debate nas áreas ricas da cidade somente porque são problemas de ricos. Rigorosamente os problemas da cidade são problemas da cidade. Atingem, de forma diferente, é certo, mas atingem a ricos e a pobres. Mas, o que não é aceitável é que uma administração progressista não se sinta no dever indeclinável de hierarquizar os gastos públicos em função das reais e gritantes necessidades, muitas delas dramáticas, das populações expoliadas.

Entre pavimentar quilômetros de ruas, nas áreas *renegadas*, cuidar de córregos, construir escolas com que se diminuem os déficits quantitativos de nossa educação e esses déficits não se registram nas áreas *felizes* do país, tornar a assistência médico-hospitalar suficiente quantitativamente e crescentemente melhor, multiplicar o número de creches, cuidar da expressão cultural do povo ou embelezar o já bonito, permitindo ainda que os ricos não paguem impostos, uma administração séria, democrática, progressista, não pode ter dúvida.

O sr. Paulo Maluf, antes mesmo de tomar posse da administração da cidade de São Paulo, fez exatamente o que dele se poderia esperar: em face da questão do Imposto Predial e Territorial se colocou contra os interesses das maiorias de vida precária. Pronunciou-se, mais do que isso, alinhou-se na defesa de uma alíquota única de 0,6% para o tributo com o que possibilita que os ricos paguem menos.[9]

---

[9] Ver "O IPTU de Maluf", Editorial, *Folha de S. Paulo*, 27 de dezembro de 1992.

O que tenho pretendido deixar claro, como tese que defendo, é que os partidos progressistas ou de esquerda, pois que a direita continua a existir, não podem cair nesse conto, o de que as ideologias se acabaram e, a partir daí, passar a entender a luta política como uma disputa sem cor e sem cheiro. Disputa em que só a competência técnica e a competência para melhor comunicar os objetivos e as metas de governo valem.

É interessante observar como, nos debates pela televisão com seu oponente, o candidato vitorioso à Prefeitura de São Paulo insistia, recentemente, em que só propunha questões de natureza *administrativa* e não *política* ou *ideológica*. E o fazia revelando um enorme esforço para convencer-se a si mesmo de que as *questões administrativas*, castas e puras, intocadas do *ideológico* e do *político*, são realmente neutras.

O grande administrador para esse tipo de astúcia é o que nunca existiu. É o que toca no mundo, interfere nele, com a justeza de seu saber técnico tão grande e tão puro que comove. É o que tem entre outros poderes o de abolir as classes sociais, o de desconhecer que as diferenças entre a existência enquanto ricos e a existência enquanto pobres criam, geram, necessariamente, nuns e noutros, formas diferentes de estar sendo, gostos e sonhos diferentes, formas de pensar, de atuar, de valorar, de falar, diferentes, culturas diferentes e que tudo isso tem que ver com opções políticas, com caminhos ideológicos.

Quanto mais a esquerda se deixe *ninar* por essa cantiga tanto menos pedagogicamente atua e menos contribui para a formação de uma cidadania crítica. Daí a insistência com que me repito — o erro dos progressistas não está em fazer campanhas de conteúdo ideológico. Estas deveriam ser cada vez mais bem feitas, deixando claro às classes populares que as diferenças de classe, de que elas têm um conhecimento no mínimo sensível, que lhes chega pela pele, pelo corpo, pela alma não podem ser negadas e que elas, as diferenças, têm que ver com os projetos políticos, com as metas de governo, com a composição deste. Que uma coisa é o discurso eleitoreiro, demagógico de um candidato, outra é a sua prática se e quando eleito. Collor se dizia candidato dos descamisados e nunca, entre nós, os descamisados ficaram mais desnudos e tragicamente perdidos do que no período de descalabros e de despudor de seu governo.

O erro das esquerdas esteve quase sempre na absoluta certeza em suas certezas que as fazia sectárias, autoritárias, *religiosas*. Na sua convicção de que nada fora delas tinha sentido, na sua arrogância, na sua inimizade com a democracia, para elas a melhor maneira que tinham as classes dominantes de implantar e manter sua "ditadura de classe".

O erro de hoje, ou o risco de corrê-lo, está em que, atônitas com o que vem ocorrendo a partir das mudanças na ex-União Soviética, ora reativem o medo à liberdade, a raiva da democracia, ora se entreguem apáticas ao mito da excelência do capitalismo, aceitando, assim, contraditoriamente, que as campanhas políticas não são ideológicas. Há ainda outro erro ou o risco de corrê-lo, o de acreditarem na pós-modernidade reacionária segundo a qual, com a morte das ideologias, o desaparecimento das classes sociais, do sonho, da utopia, a administração da coisa pública é questão de pura técnica, desvinculada da política e da ideologia.

Neste sentido, por exemplo, é que se explica que militantes de esquerda até outro dia aceitem hoje assessorias de governos antagônicos a suas velhas opções. Se já não há classes sociais, se tudo é mais ou menos a mesma coisa, se o mundo é algo opacizado, os instrumentos com que operam esse mundo opaco são os não menos cinzentos instrumentos técnicos.

Que as classes dominantes, acreditando nisto ou descrendo disto, difundam a ideologia da morte das ideologias me parece comportamento ideológico próprio delas.

Que uma pessoa progressista ontem se torne reacionária hoje me parece possível, ainda que lamentável. O que não posso aceitar é que esse deslocamento de um polo a outro seja visto ou dele se fale como quem simplesmente *andou*, se *locomoveu* no mesmo plano, pois que já não há polos, nem direita nem esquerda. A caminhada é técnica, sem *cheiro*, sem *cor*, sem *sabor*. Isso, não!

E por que me permito esse aparente desvio do tema básico: *Professora, sim; tia, não*?

Exatamente porque o desvio é puramente fictício.

A tentativa de reduzir a *professora* à condição de *tia* é uma "inocente" armadilha ideológica em que, tentando-se dar a ilusão de *adocicar* a vida da professora, o que se tenta é amaciar a sua capacidade de luta ou entretê-la no exercício de tarefas fundamentais. Entre elas, por exemplo, a de desafiar seus alunos, desde a mais tenra e adequada idade, através de jogos, de estórias, de leituras para compreender a necessidade da coerência entre discurso e prática. O discurso sobre a defesa dos fracos, dos pobres, dos *descamisados* e a *prática* em favor dos *camisados* e contra os *descamisados*. O discurso que nega a existência das classe sociais, seus conflitos, e a prática política em favor exatamente dos poderosos.

A defesa ou a pura aceitação de que é normal a profunda diferença que há, às vezes, entre o discurso do candidato enquanto tal e seu discurso depois de eleito. Não me parece ético viver essa contradição ou defendê-la como comportamento correto. Não é com práticas assim que ajudamos a formação de uma cidadania vigilante e indispensável ao desenvolvimento da democracia.

Finalmente, a tese de Professora, sim; tia, não, é que, enquanto tios e ou tias e ou professores, todos nós temos o direito ou o dever de lutar por ele, o direito de ser nós mesmos, de optar, de decidir, de desocultar verdades.

Professora, porém, é *professora. Tia é tia.*

É possível ser tia sem amar os sobrinhos, sem gostar sequer de ser tia, mas não é possível ser professora sem amar os alunos, mesmo que amar, só, não baste — e sem gostar do que se faz. É mais fácil, porém, sendo professora, dizer que não gosta de ensinar, do que, sendo tia, dizer que não gosta de ser tia. Reduzir a professora a tia joga um pouco com esse temor embutido — o de tia recusar ser tia.

Não é possível também ser professora sem lutar por seus direitos para que seus deveres possam ser melhor cumpridos. Mas você que está me lendo agora tem todo o direito de, sendo ou pretendendo ser professora, querer ser chamada de *tia* ou continuar a ser.

Não pode, porém, é desconhecer as implicações escondidas na manha ideológica que envolve a redução da condição de professora à de tia.

Paulo Freire
12-12-1992

Primeiras palavras

Não sei se quem leia [sic] este livro perceberá facilmente o prazer com que o escrevi. Foram quase dois meses em que à sua redação entreguei parte de meus dias, o maior tempo em meu escritório, em nossa casa minha e de Nita mas também em aviões e quartos de hotéis. Mas não foi apenas com prazer que escrevi este trabalho. Escrevi-o tocado por um forte sentido de compromisso ético-político e com decidida preocupação em torno da comunicação que busco estabelecer a todo instante com as suas e os seus prováveis leitores.

Precisamente porque estou convencido de que a produção da compreensão do texto não é tarefa exclusiva do seu autor, mas também do leitor do texto, me experimentei durante todo o tempo em que o escrevi no exercício de desafiar as leitoras e leitores a entregar-se à ocupação de produzir também sua compreensão de meu texto. Daí as observações e as sugestões que fiz, com medo quase de cansar os leitores, para, usando instrumentos como dicionários, enciclopédias etc., não abandonar a leitura de nenhum texto por não conhecer a significação técnica desta ou daquela palavra.

Espero confiante que nenhuma leitora ou leitor deixará de ler este livro em sua totalidade simplesmente porque lhe tenha faltado a decisão de trabalhar um pouco mais. Que abandone a leitura porque o livro não lhe agrade, porque o livro não coincida com suas aspirações político-pedagógicas, isso é um direito que lhe assiste. De qualquer maneira, porém, é sempre bom ler textos que defendem posições políticas diametralmente opostas às nossas. Em primeiro lugar, ao fazê-lo, vamos aprendendo a ser menos sectários, mais radicais, mais abertos; em segundo lugar, terminamos por descobrir que aprendemos também não apenas com o diferente de nós mas até com o nosso antagônico.

Recentemente tive experiência profundamente significativa neste sentido. Coincidentemente conheci um empresário que, segundo me disse rindo no fim da conversa, me tinha como uma espécie de malfeitor do Brasil. Reminiscência do que de mim diziam alguns jornais nos anos 1960.

"Foi um prazer conhecê-lo de perto. Não diria que me converti às suas ideias mas mudei radicalmente a minha apreciação em torno do senhor", disse convincente.

Voltei para casa contente. De vez em quando o Brasil melhora, apesar das "recaídas" que o abalam...

Como já salientei antes, uma preocupação que não podia deixar de me ter acompanhado durante todo o tempo em que me dediquei à escrita e à leitura simultânea deste texto foi a que me engaja, desde faz muito, na luta em favor de uma escola democrática. De uma escola que, continuando a ser um tempo-espaço de produção de conhecimento, em que se ensina e em que se aprende, entende, contudo, ensinar e aprender de forma diferente. Em que ensinar já não pode ser este esforço de transmissão do chamado saber acumulado que faz uma geração à outra e aprender a pura recepção do objeto ou do conteúdo transferido. Pelo contrário, girando em torno da *compreensão* do mundo, dos objetos, da criação, da boniteza, da exatidão científica, do senso comum, *ensinar* e aprender giram também em torno da *produção* daquela compreensão, tão social quanto a produção da linguagem, que é também conhecimento.

Exatamente como no caso da produção da compreensão do texto que se lê, que é também tarefa do leitor, é tarefa igualmente do educando participar da produção da compreensão do conhecimento que supostamente apenas recebe do professor. Daí, a necessidade da radicalidade do diálogo, como selo da relação gnosiológica e não como pura cortesia.

Não poderia encerrar estas palavras primeiras sem alguns agradecimentos.

Em primeiro lugar, a Jorge Claudio, amigo e editor, que me pediu (e facilmente me convenceu) que eu escrevesse este livro já trazendo à nossa casa o próprio título do trabalho. A Jorge Claudio penso que devo não só agradecer a sugestão e o pedido que me fez mas elogiar, de um lado, o seu empenho para que o texto tomasse corpo, de outro, a fraterna posição que sempre assumiu sem jamais me telefonar a pretexto de nada para, no fundo, saber se eu me achava ou não trabalhando no livro. Devo agradecer também às professoras Suraia Jamal Batista e Zaquie Jamal e às alunas do Curso de Magistério do Colégio Sagrado Coração de Jesus e CEFAM da EEPG Edmundo de Carvalho que partilharam comigo suas lutas e descobertas, na etapa preliminar de produção deste livro.

Meu muito obrigado a Nita, pela paciência com que me aturou durante os dias mais intensos de redação do texto mas, sobretudo, pelas sugestões temáticas que me fez, apontando um aspecto aqui outro ali, à luz de sua própria experiência como ex-professora de História da Educação de alguns cursos de formação do magistério em São Paulo.

Finalmente, devo ainda agradecer a Madalena Freire Weffort, a Fátima Freire Dowbor e a Ana Maria Saul pela abertura e pelo interesse com que me ouviram e comigo falaram sobre algumas de minhas inquietações enquanto simultaneamente escrevia e lia este texto.

Paulo Freire
São Paulo
Fevereiro/1993

Primeira carta
Ensinar — aprender. Leitura do mundo — leitura da palavra

Nenhum tema mais adequado para constituir-se em objeto desta primeira carta a quem ousa ensinar do que o da sua significação crítica, assim como o da significação igualmente crítica de aprender. É que não existe *ensinar* sem *aprender* e com isto eu quero dizer mais do que diria se dissesse que o ato de ensinar exige a existência de quem ensina e de quem aprende. Quero dizer que ensinar e aprender se vão dando de tal maneira que quem ensina aprende, de um lado, porque reconhece um conhecimento antes aprendido e, de outro, porque, observando a maneira como a curiosidade do aluno aprendiz trabalha para apreender o ensinando-se, sem o que não o aprende, o ensinante se ajuda a descobrir incertezas, acertos, equívocos.

O aprendizado do ensinante ao ensinar não se dá necessariamente através da retificação que o aprendiz lhe faça de erros cometidos. O aprendizado do ensinante ao ensinar se verifica na medida em que o ensinante, humilde, aberto, se ache permanentemente disponível a repensar o pensado, a rever-se em suas posições; em que procure envolver-se com a curiosidade dos alunos e os diferentes caminhos e veredas que ela os faz percorrer. Alguns desses caminhos e algumas dessas veredas que a curiosidade às vezes quase virgem dos alunos percorre estão grávidos de sugestões, de perguntas, que não foram percebidas antes pelo ensinante. Mas agora, ao ensinar, não como um *burocrata da mente*, mas reconstruindo os caminhos de sua curiosidade, razão por que seu corpo consciente, sensível, emocionado, se abre às *adivinhações* dos alunos, à sua ingenuidade e à sua criticidade, o ensinante que assim atua tem, no seu ensinar, um momento rico de seu aprender. O ensinante aprende primeiro a ensinar mas aprende a ensinar ao ensinar algo que é reaprendido por estar sendo ensinado.

O fato, porém, de que ensinar ensina o ensinante a ensinar um certo conteúdo não deve significar, de modo algum, que o ensinante se aventure a ensinar sem competência para fazê-lo; não o autoriza a ensinar o que não sabe. A responsabilidade ética, política e profissional do ensinante lhe coloca o dever de se preparar, de se capacitar, de se formar antes mesmo de iniciar sua atividade docente. Esta atividade exige que sua preparação, sua capacitação, sua formação se tornem processos permanentes. Sua experiência docente, se bem percebida e bem vivida, vai deixando claro que ela, a experiência docente, requer uma formação permanente do ensinante. Formação que se funda na análise crítica de sua prática.

Partamos da experiência de aprender, de conhecer, por parte de quem se prepara para a tarefa docente, que envolve necessariamente *estudar*. Obviamente, minha intenção não é escrever prescrições que devam ser rigorosamente seguidas, o que significaria uma chocante contradição com tudo o de que já falei até agora. Pelo contrário, o que me interessa aqui, de acordo com o espírito mesmo deste livro, é desafiar seus leitores e leitoras, em torno de certos pontos ou aspectos, insistindo em que há sempre algo diferente a fazer na nossa cotidianidade educativa, quer dela participemos como aprendizes, e portanto ensinantes ou como ensinantes e, por isso, aprendizes também.

Não gostaria, assim, sequer, de dar a impressão de estar deixando absolutamente clara a questão do *estudar*, do *ler*, do *observar*, do *reconhecer* as relações entre os objetos para conhecê-los. Estarei tentando clarear alguns dos pontos que merecem atenção nossa na compreensão crítica desses processos.

Comecemos por *estudar*, que envolvendo o *ensinar* da ensinante, envolve também, de um lado, a aprendizagem anterior e concomitante de quem ensina e a aprendizagem do aprendiz que se prepara para ensinar amanhã ou refaz seu saber para melhor ensinar hoje, ou, de outro lado, a aprendizagem de quem, criança ainda, se acha nos começos de sua escolarização.

Enquanto preparação do sujeito para aprender, estudar é, em primeiro lugar, um *quefazer* crítico, criador, recriador, não importa que eu nele me engaje através da leitura de um texto que trata ou discute um certo conteúdo que me foi proposto pela *escola* ou se o realizo partindo de uma reflexão crítica sobre um certo acontecimento social ou natural e que, como necessidade da própria reflexão, me conduz à leitura de textos que minha curiosidade e minha experiência intelectual me sugerem ou que me são sugeridos por outros.

Assim, ao nível de uma posição crítica, a que não dicotomiza o saber do senso comum do outro saber, mais sistemático, de maior exatidão, mas busca uma síntese dos contrários, o ato de *estudar* implica sempre o de *ler*, mesmo que neste não se esgote. De *ler o mundo*, de ler a palavra e assim ler a leitura do mundo anteriormente feita. Mas ler não é puro entretenimento nem tampouco um exercício de memorização mecânica de certos trechos do texto.

Se, na verdade, estou estudando, estou lendo seriamente, não posso ultrapassar uma página se não consegui com relativa clareza, ganhar sua significação. Minha saída não está em memorizar porções de períodos lendo mecanicamente duas, três, quatro vezes pedaços do texto fechando os olhos e tentando repeti-los como se sua fixação puramente maquinal me desse o conhecimento de que preciso.

Ler é uma operação inteligente, difícil, exigente, mas gratificante. Ninguém lê ou estuda autenticamente se não assume, diante do texto ou do objeto da curiosidade a forma crítica de ser ou de estar sendo sujeito da curiosidade, sujeito da leitura, sujeito do processo de conhecer em que se acha. Ler é procurar ou buscar criar a compreensão do lido, daí, entre outros pontos fundamentais, a importância do ensino correto da leitura e da escrita. É que ensinar a ler é engajar-se numa experiência criativa em torno da *compreensão*. Da compreensão e da comunicação. E a experiência da *compreensão* será tão mais profunda quanto sejamos nela capazes de associar, jamais dicotomizar, os conceitos emergentes na *experiência escolar* aos que resultam do mundo da cotidianidade. Um exercício crítico sempre exigido pela leitura e necessariamente pela escrita é o de como nos darmos facilmente à passagem da *experiência sensorial* que caracteriza a cotidianidade à *generalização* que se opera na linguagem escolar e desta ao concreto tangível. Uma das formas de realizarmos este exercício consiste na prática a que me venho referindo como "leitura da leitura anterior do mundo", entendendo-se aqui como "leitura do mundo" a "leitura" que precede a leitura da palavra e que perseguindo igualmente a compreensão do objeto se faz no domínio da cotidianidade. A leitura da palavra, igualmente fazendo-se em busca da compreensão do texto e, portanto, dos objetos nele referidos, nos remete, agora, à leitura anterior do mundo. O que me parece fundamental deixar claro é que a leitura do mundo que é feita a partir da experiência sensorial não basta. Mas, por outro lado, não pode ser desprezada como *inferior* pela leitura feita a partir do mundo abstrato dos conceitos que vai da generalização ao tangível.

Certa vez, uma alfabetizanda nordestina discutia, em seu Círculo de Cultura, uma codificação[10] que

---

[10] Sobre codificação, leitura do mundo — leitura da palavra — senso comum, conhecimento exato, aprender, ensinar, ver:
Paulo Freire, *Educação como prática da liberdade*; *Educação e mudança*; *Ação cultural para a liberdade e outros escritos*; *Pedagogia do oprimido*; *Pedagogia da esperança*, Paz e Terra, 1975 [33ª edição, 2011]; 1979 [34ª edição, 2011]; 1976 [13ª edição, 2011]; 1977 [48ª edição, 2011]; 1992 [17ª edição, 2011].
Paulo Freire e Sérgio Guimarães, *Sobre educação*. Rio de Janeiro: Paz e Terra, 1982. Para as edições de 2011, optou-se por trabalhar cada livro de forma independente. Dessa maneira, *Sobre educação: diálogos I* tornou-se *Partir da infância: diálogos sobre educação*. [NE.]

representava um homem que, trabalhando o barro, criava com as mãos, um jarro. Discutia-se, através da "leitura" de uma série de codificações que, no fundo, são representações da realidade concreta, o que é cultura. O conceito de cultura já havia sido apreendido pelo grupo através do esforço da *compreensão* que caracteriza a leitura, do mundo e ou da *palavra*. Na sua experiência anterior, cuja memória ela guardava no seu corpo, sua *compreensão* do processo em que o homem, trabalhando o barro, criava o jarro, compreensão gestada sensorialmente, lhe dizia que fazer o jarro era uma forma de trabalho com que, concretamente, se sustentava. Assim como o jarro era apenas o objeto, produto do trabalho que, vendido, viabilizava sua vida e a de sua família.

Agora, ultrapassando a experiência sensorial, indo mais além dela, dava um passo fundamental: alcançava a capacidade de *generalizar* que caracteriza a "experiência escolar". Agora, criar o jarro com o trabalho transformador sobre o barro não era apenas a forma de sobreviver, mas também de fazer *cultura*, de fazer *arte*. Foi por isso que, relendo sua leitura anterior do mundo e dos *quefazeres* no mundo, aquela alfabetizanda nordestina disse segura e orgulhosa: "Faço cultura. Faço isto."

Paulo Freire e Ira Shor, *Medo e ousadia, o cotidiano do professor*. Rio de Janeiro: Paz e Terra, 1986. [13ª edição, 2011]
Paulo Freire e Donaldo Macedo, *Alfabetização, leitura do mundo e leitura da palavra*. [2ª edição, 2011], 3ª ed., Rio de Janeiro. Paz e Terra, 1990.
Paulo Freire, *A importância do ato de ler*, São Paulo, Cortez Editora, 1982.
Paulo Freire e Márcio Campos, "Leitura do mundo — leitura da palavra", *Le Courrier de L'UNESCO*, Paris, fevereiro de 1991.

Noutra ocasião presenciei experiência semelhante do ponto de vista da inteligência do comportamento das pessoas. Já me referi a este fato em outro trabalho mas não faz mal que o retome agora.

Me achava na Ilha de São Tomé, na África Ocidental, no Golfo da Guiné. Participava com educadores e educadoras nacionais, do primeiro curso de formação para alfabetizadores.

Havia sido escolhido pela equipe nacional um pequeno povoado, Porto Mont, região de pesca, para ser o centro das atividades de formação. Havia sugerido aos nacionais que a formação dos educadores e educadoras se fizesse não seguindo certos métodos tradicionais que separam prática de teoria. Nem tampouco através de nenhuma forma de trabalho essencialmente dicotomizante de teoria e prática e que ou menospreza a *teoria*, negando-lhe qualquer importância, enfatizando exclusivamente a *prática*, a única a *valer*, ou negando a prática fixando-se só na *teoria*. Pelo contrário, minha intenção era que, desde o começo do curso, vivêssemos a relação contraditória entre prática e teoria, que será objeto de análise de uma de minhas cartas.

Recusava, por isso mesmo, uma forma de trabalho em que fossem reservados os primeiros momentos do curso para exposições ditas teóricas sobre matéria fundamental da formação dos futuros educadores e educadoras. Momento para discursos de algumas pessoas, as consideradas como as mais capazes para falar aos outros.

Minha convicção era outra. Pensava numa forma de trabalho em que, numa única manhã, se falasse de alguns conceitos-chave — codificação, descodificação, por exemplo — como se estivéssemos num tempo de *apresentações*, sem, contudo, nem de longe imaginar que as *apresentações* de certos conceitos fossem já suficientes para o domínio da compreensão em torno deles. A discussão crítica sobre a prática em que se engajariam é que o faria.

Assim, a ideia básica, aceita e posta em prática, é que os jovens que se preparariam para a tarefa de educadoras e educadores populares deveriam coordenar a discussão em torno de codificações num Círculo de Cultura com vinte e cinco participantes. Os participantes do Círculo de Cultura estavam cientes de que se tratava de um trabalho de formação de educadores. Discutiu-se com eles antes sua tarefa política — a de nos ajudar no esforço de formação, sabendo que iam trabalhar com jovens em pleno processo de sua formação. Sabiam que eles assim como os jovens a ser formados jamais tinham feito o que iam fazer. A única diferença que os marcava é que os participantes liam apenas o mundo enquanto os jovens a ser formados para a tarefa de educadores liam já a palavra também. Jamais, contudo, haviam discutido uma codificação assim como jamais haviam tido a mais mínima experiência alfabetizando alguém.

Em cada tarde do curso, com duas horas de trabalho com os vinte e cinco participantes, quatro candidatos assumiam a direção dos debates. Os responsáveis pelo curso assistiam em silêncio, sem interferir, fazendo suas notas. No dia seguinte, no seminário de avaliação e formação, de quatro horas, se discutiam os equívocos, os erros, os acertos dos candidatos, na presença do grupo inteiro, desocultando-se com eles, a teoria que se achava na sua prática.

Dificilmente se repetiam os erros e os equívocos que haviam sido cometidos e analisados. A teoria emergia *molhada* da prática vivida.

Foi exatamente numa das tardes de formação que, durante a discussão de uma codificação que retratava Porto Mont, com suas casinhas alinhadas à margem da praia, em frente ao mar, com um pescador que deixava seu barco com um peixe na mão, que dois dos participantes, como se houvessem combinado, se levantaram, andaram até a janela da escola em que estávamos e, olhando Porto Mont lá longe, disseram, de frente novamente para a codificação que representava o povoado: "É. Porto Mont é assim e não sabíamos."

Até então, sua "leitura" do lugarejo, de seu mundo particular, uma "leitura" feita demasiado próxima do "texto", que era o contexto do povoado, não lhes havia permitido *ver* Porto Mont como ele era. Havia uma certa "opacidade" que cobria e encobria Porto Mont. A experiência que estavam fazendo de "tomar distância" do objeto, no caso, da *codificação* de Porto Mont, lhes possibilitava uma nova leitura mais fiel ao "texto", quer dizer, ao *contexto* de Porto Mont. A "tomada de distância" que a "leitura" da codificação lhes possibilitou os "aproximou" mais de Porto Mont como "texto" sendo lido. Esta nova leitura refez a leitura anterior, daí que hajam dito: "É. Porto Mont é assim e não sabíamos." *Imersos* na realidade de seu pequeno mundo, não eram capazes de *vê-la*. "Tomando distância" dela, *emergiram* e, assim, a viram como até então jamais a tinham visto.

Estudar é desocultar, é ganhar a *compreensão* mais exata do objeto, é perceber suas relações com outros objetos. Implica que o estudioso, sujeito do estudo, se arrisque, se aventure, sem o que não cria nem recria.

Por isso também é que *ensinar* não pode ser um puro processo, como tanto tenho dito, de transferência de conhecimento da ensinante ao aprendiz. Transferência mecânica de que resulte a memorização maquinal que já critiquei. Ao estudo crítico corresponde um ensino igualmente crítico que demanda necessariamente uma forma crítica de compreender e de realizar a leitura da palavra e a leitura do mundo; leitura do texto e leitura do contexto.

A forma crítica de compreender e de realizar a leitura da palavra e a leitura do mundo está, de um lado, na não negação da linguagem simples, "desarmada", ingênua, na sua não desvalorização por constituir-se de conceitos criados na cotidianidade, no mundo da experiência sensorial; de outro, na *recusa* ao que se chama de "linguagem difícil", impossível, porque desenvolvendo-se em torno de conceitos abstratos. Pelo contrário, a forma crítica de compreender e de realizar a leitura do texto e a do contexto não exclui nenhuma das duas formas de linguagem ou de sintaxe. Reconhece, todavia, que o escritor que usa a linguagem científica, acadêmica, ao dever procurar tornar-se acessível, menos fechado, mais claro, menos difícil, mais simples, não pode ser simplista.

Ninguém que lê, que estuda, tem o direito, por exemplo, de abandonar a leitura de um texto como difícil porque não entendeu o que significa a palavra *epistemologia*.

Assim como um pedreiro não pode prescindir de um conjunto de instrumentos de trabalho sem os quais não levanta as paredes da casa que está sendo construída, assim também o leitor estudioso precisa de instrumentos fundamentais sem os quais não pode ler ou escrever com eficácia. Dicionários,[11] entre eles o etimológico, o de regimes de verbos, o de regimes de substantivos e adjetivos, o filosófico; o de sinônimos e de antônimos, enciclopédias. A leitura comparativa de texto, de outro autor que trate o mesmo tema cuja linguagem seja menos complexa.

Usar esses instrumentos de trabalho não é, como às vezes se pensa, uma perda de tempo. O tempo que eu uso, quando leio ou escrevo ou escrevo e leio, na consulta de dicionários e enciclopédias, na leitura de capítulos ou trechos de livros que podem me ajudar na análise mais crítica de um tema é tempo fundamental de meu trabalho, de meu ofício gostoso de ler ou de escrever.

Enquanto leitores, não temos o direito de esperar, muito menos de exigir, que os escritores façam sua tarefa, a de escrever, e quase a nossa, a de compreender o escrito, explicando a cada passo, no texto ou numa nota ao pé da página, o que quiseram dizer com isto ou aquilo.

---

[11] Ver Paulo Freire, *Pedagogia da esperança*.

Seu dever, como escritores, é escrever simples, escrever *leve*, é facilitar e não dificultar a compreensão do leitor, mas não dar a ele as coisas feitas e prontas.

A compreensão do que se está lendo, estudando, não estala assim, de repente, como se fosse um milagre. A compreensão é trabalhada, é forjada por quem lê, por quem estuda que, sendo sujeito dela, se deve instrumentar para melhor fazê-la. Por isso mesmo, *ler, estudar* é um trabalho paciente, desafiador, persistente. Não é tarefa para gente demasiado apressada ou pouco humilde que, em lugar de assumir suas deficiências, as transfere para o autor ou autora do livro considerado como impossível de ser estudado.

É preciso deixar claro, também, que há uma relação necessária entre o nível do conteúdo do livro e o nível da atual formação do leitor. Estes níveis envolvem a experiência intelectual do autor e do leitor. A compreensão do que se lê tem que ver com essa relação. Quando a distância entre aqueles níveis é demasiado grande, quando um não tem nada que ver com o outro, todo esforço em busca da *compreensão* é inútil. Não está havendo, neste caso, uma consonância entre o indispensável tratamento dos temas pelo autor ou autora do livro e a capacidade de apreensão por parte do leitor ou leitora da linguagem necessária àquele tratamento. Por isso mesmo é que estudar é uma preparação para conhecer, é um exercício paciente e impaciente de quem, não pretendendo tudo de uma vez, luta para *fazer a vez* de conhecer.

A questão do uso necessário de instrumentos indispensáveis à nossa leitura e a nosso trabalho de escrever levanta o problema do poder aquisitivo do estudante e das professoras e professores em face dos custos elevados para obter dicionários básicos da língua, dicionários filosóficos etc. Poder consultar todo esse material é um direito que têm alunos e professoras a que corresponde o dever das escolas de fazer-lhes possível a consulta, equipando ou criando suas bibliotecas, com horários realistas de estudo. Reivindicar esse material é um direito e um dever de professores e estudantes.

Gostaria de voltar a algo a que fiz referência anteriormente: a relação entre ler e escrever como processos que não podem separar-se. Como processos que se devem organizar de tal modo que *ler* e *escrever* sejam percebidos como necessários para algo, como sendo alguma coisa de que a criança, como salientou Vygotsky,[12] necessita e nós também.

Em primeiro lugar, a oralidade precede a grafia mas a traz em si desde o primeiro momento em que os seres humanos se tornaram socialmente capazes de ir exprimindo-se através de símbolos que diziam algo de seus sonhos, de seus medos, de sua experiência social, de suas esperanças, de suas práticas.

Quando aprendemos a *ler* o fazemos sobre a escrita de alguém que antes aprendeu a ler e a escrever. Ao aprender a ler nos preparamos para imediatamente escrever a fala que socialmente construímos.

---

[12] Luis C. Moll (org.), *Vygotsky and Education. Instructional Implications and Applications of Sociohistorical Psychology*, Cambridge, Cambridge University Press, 1992.

Nas culturas letradas, não se pode estudar, buscar conhecer, apreender a substantividade do objeto, reconhecer criticamente a razão de ser do objeto, sem ler e sem escrever.

Um dos equívocos que cometemos está em dicotomizar *ler* de *escrever* e, desde o começo mesmo da experiência em que as crianças ensaiam seus primeiros passos na prática da leitura e da escrita tomarmos esses processos como algo desligado do processo geral de conhecer. Essa dicotomia entre ler e escrever nos acompanha sempre, como estudantes e professores. "Tenho uma dificuldade enorme de fazer minha dissertação. Não *sei escrever*", é a afirmação comum que se ouve nos cursos de pós-graduação de que tenho participado. No fundo, isso lamentavelmente revela o quanto nos achamos longe de uma compreensão crítica do que é estudar e do que é ensinar.

É preciso que o nosso corpo, que socialmente vai se tornando atuante, consciente, falante, leitor e "escritor" se aproprie criticamente de sua forma de vir sendo que faz parte de sua natureza, histórica e socialmente constituindo-se. Quer dizer, é necessário que não apenas nos demos conta de como estamos sendo mas nos assumamos plenamente como estes "seres programados para aprender", de que nos fala François Jacob.[13] É necessário então que aprendamos a aprender, vale dizer, que entre outras coisas, demos à linguagem oral e escrita, a seu

---

[13] François Jacob, "Nous sommes programmés, mais pour apprendre", *Le Courrier de L'UNESCO*, Paris, fevereiro de 1991.

uso, a importância que lhe vem sendo cientificamente reconhecida.

Aos que estudamos, aos que ensinamos e, por isso, estudamos também, se nos impõe, ao lado da necessária leitura de textos, a redação de notas, de fichas de leitura, a redação de pequenos textos sobre as leituras que fazemos. A leitura de bons escritores, de bons romancistas, de bons poetas, dos cientistas, dos filósofos que não temem trabalhar sua linguagem à procura da boniteza, da simplicidade e da clareza.[14]

Se nossas escolas, desde a mais tenra idade de seus alunos se entregassem ao trabalho de estimular neles o gosto da leitura e o da escrita, gosto que continuasse a ser estimulado durante todo o tempo de sua escolaridade haveria possivelmente um número bastante menor de pós-graduandos falando de sua insegurança ou de sua incapacidade de escrever.

Se estudar para nós não fosse quase sempre um *fardo*, se ler não fosse uma obrigação amarga a cumprir, se, pelo contrário, estudar e ler fossem fontes de alegria e de prazer, de que resulta também o indispensável conhecimento com que nos movemos melhor no mundo, teríamos índices melhor reveladores da qualidade de nossa educação.

Este é um esforço que deve começar na pré-escola, intensificar-se no período da alfabetização e continuar sem jamais parar.

---

[14] Ver Paulo Freire, *Pedagogia da esperança*.

A leitura de Piaget, de Vygotsky, de Emilia Ferreiro, de Madalena F. Weffort, entre outros, assim como a leitura de especialistas que tratam não propriamente da alfabetização mas do processo de leitura como Marisa Lajolo e Ezequiel Theodoro da Silva é de indiscutível importância.

Pensando na relação de intimidade entre pensar, ler e escrever e na necessidade que temos de viver intensamente essa relação, sugeriria a quem pretenda rigorosamente experimentá-la que, pelo menos, três vezes por semana, se entregasse à tarefa de escrever algo. Uma nota sobre uma leitura, um comentário em torno de um acontecimento de que tomou conhecimento pela imprensa, pela televisão, não importa. Uma carta para destinatário inexistente. É interessante datar os pequenos textos e guardá-los para dois ou três meses depois submetê-los a uma avaliação crítica.

Ninguém escreve se não escrever como ninguém nada se não nadar.

Não gostaria de concluir essa carta sem sublinhar algo com que, deixando claro que o uso da linguagem escrita, portanto o da leitura, está em relação com o desenvolvimento das condições materiais da sociedade, não pareça que venho discutindo este problema de um ponto de vista *idealista*.

Recusando qualquer interpretação *mecanicista* da *história*, recuso igualmente a *idealista*. A primeira reduz a consciência à pura cópia das estruturas materiais da sociedade; a segunda submete tudo ao todo-poderosismo da consciência. Minha posição é outra. Entendo que estas relações entre consciência e mundo são dialéticas.[15]

O que não é correto, porém, é esperar que as transformações materiais se processem para que depois comecemos a encarar corretamente o problema da leitura e da escrita.

A leitura crítica dos textos e do mundo tem que ver com a sua mudança em processo.

---

[15] Ver a este propósito Paulo Freire, *Pedagogia da esperança*.

Segunda carta
Não deixe que seu medo do difícil paralise você

Nesta carta, necessariamente, retomarei alguns aspectos já tocados, sobretudo, na anterior.

Creio que o melhor ponto para começar a discutir o núcleo central da carta é considerar a questão da dificuldade, a questão do difícil, em face de que o medo se situa.

Diz-se de alguma coisa que é *difícil* quando enfrentá-la ou lidar com ela se faz algo penoso, quer dizer, quando apresenta obstáculo de algum nível. Medo por sua vez, é um "sentimento de inquietação ante a noção de um perigo real ou imaginário".[16] Medo de enfrentar a tempestade. Medo da solidão. Medo de não poder contornar as dificuldades para, finalmente, entender um texto.

Há sempre uma relação entre medo e dificuldade, medo e *difícil*. Mas, nesta relação, obviamente, se acha também a figura do sujeito que tem *medo do difícil* ou da *dificuldade*. O sujeito que *teme* a tempestade, que *teme* a solidão ou que teme não poder contornar as dificuldades para finalmente entender o texto ou criar a inteligência do texto ou produzi-la.

---
[16] *Novo Dicionário Aurélio.*

Nesta relação entre o sujeito que *teme* a situação ou o objeto do *medo* há ainda outro elemento componente que é o sentimento de *insegurança* do sujeito temeroso. Insegurança para enfrentar o obstáculo. Falta de força física, falta de equilíbrio emocional, falta de competência científica, real ou imaginária, do sujeito.

A questão que se coloca a nós não é, de um lado, negar o *medo*, mesmo quando o perigo que o gera é fictício. O medo, porém, em si é concreto. A questão que se nos apresenta é não permitir que o medo facilmente nos paralise ou nos persuada de desistir de enfrentar a situação desafiante sem luta e sem esforço.

Diante do medo, seja do que for, é preciso que, primeiro, nos certifiquemos, com objetividade, da existência das razões que nos provocam o medo. Segundo, se existentes realmente, compará-las com as possibilidades de que dispomos para enfrentá-las com probabilidade de êxito. Terceiro, que podemos fazer para, se for o caso, adiando o enfrentamento do obstáculo, nos tornemos mais capazes para fazê-lo amanhã.

Com estas reflexões estou querendo sublinhar que o *difícil* ou a *dificuldade* está sempre em relação com a capacidade de resposta do sujeito que, em face do difícil e da avaliação de si mesmo quanto à capacidade de resposta, terá mais ou menos *medo* ou nenhum *medo* ou *medo* infundado ou, reconhecendo que o desafio ultrapassa os limites do medo se afunda no *pânico*. O pânico é o estado de espírito que paralisa o sujeito em face de um desafio reconhecido sem nenhuma dificuldade como absolutamente superior a qualquer tentativa de resposta. Tenho medo da solidão e me sinto em *pânico* numa cidade açoitada pela violência de um terremoto.

Gostaria, aqui, de me fixar apenas nas reflexões em torno do *medo* de não entender um texto de cuja inteligência necessitamos no processo de conhecimento em que estamos envolvidos em nossa formação. O medo paralisante que nos vence antes mesmo de tentar, mais energicamente, a compreensão do texto.

Se tomo um texto, cuja compreensão devo trabalhar, necessito saber:

1] se minha capacidade de resposta está à altura do desafio, que é o texto a ser compreendido;
2] se minha capacidade de resposta está aquém; e
3] se minha capacidade de resposta está além.

Se minha capacidade de resposta está *aquém*, não devo nem posso permitir que meu *medo* de não entender me imobilize e, considerando minha tarefa impossível de ser realizada simplesmente a abandone. Se minha capacidade de resposta se acha aquém das dificuldades de compreensão do texto, devo, com a ajuda de alguém e não só do professor ou professora que indicou a leitura, procurar superar pelo menos algumas das limitações que me dificultam a tarefa. Às vezes, a leitura de algum texto exige alguma convivência anterior com outro que nos prepara para um passo mais acima.

Um dos erros mais funestos que podemos cometer, enquanto estudamos, como alunos ou professores, é o de recuar em face do primeiro obstáculo com que nos defrontamos. É o de não assumirmos a responsabilidade que a tarefa de estudar nos impõe, como, de resto, qualquer tarefa o faz a quem a deve cumprir.

Estudar é um *quefazer* exigente em cujo processo se dá uma sucessão de dor, de prazer, de sensação de vitórias, de derrotas, de dúvidas e de alegria. Mas estudar, por isso mesmo, implica a formação de uma disciplina rigorosa que forjamos em nós mesmos em nosso corpo consciente. Não pode esta disciplina ser doada ou imposta a nós por ninguém, sem que isto signifique desconhecer a importância do papel do educador em sua criação. De qualquer maneira ou somos sujeitos dela ou ela vira pura justaposição a nós. Ou aderimos ao estudo como, inclusive, deleite, ou o assumimos como necessidade e prazer ou o estudo é puro fardo e, como tal, o abandonamos na primeira *esquina*.

Quanto mais assumimos esta disciplina tanto mais nos fortalecemos para superar algumas ameaças a ela e, portanto, à capacidade de estudar eficazmente.

Uma dessas ameaças é, por exemplo, a concessão que fazemos a nós próprios e já referida na carta anterior, de não consultar nenhum instrumento auxiliar de trabalho como dicionários, enciclopédias etc. Deveríamos incorporar à nossa disciplina intelectual o hábito de consultar estes instrumentos a tal ponto que, sem eles, tivéssemos dificuldade para estudar.

Fugir ao primeiro embate é permitir que o *medo*, no caso, o *medo* de não chegar a bom termo no processo de inteligência do texto, nos imobilize. E assim, não chegamos mesmo a bom termo. Daí a acusar o autor ou autora de incompreensível é um passo.

Outra ameaça ao estudo sério, que é uma das formas mais negativas de fugir à superação das dificuldades que temos e não o texto em si próprio é *proclamar* a ilusão de que estamos entendendo, sem, contudo, pôr à prova nossa afirmação.

Não tenho por que me envergonhar pelo fato de não estar entendendo algo que estou lendo. Se, porém, o texto que não estou compreendendo faz parte de uma relação bibliográfica tida como fundamental, até para que eu perceba e concorde ou não com que é mesmo fundamental, eu tenho de superar as dificuldades e entender o texto.

Não é exagerado repetir que ler, como estudo, não é passear disponivelmente sobre as frases, as sentenças e as palavras do texto sem nenhuma preocupação com saber aonde elas nos podem levar.

Outra ameaça ao cumprimento da tarefa difícil e prazerosa de estudar que resulta da falta da disciplina de que falei é a tentação que nos persegue de, durante a leitura, largarmos a página impressa e voarmos com a imaginação para bem longe. De repente, estamos fisicamente com o livro em frente a nós e o lemos maquinalmente apenas. Nosso corpo está aqui mas o nosso gosto está numa praia tropical distante. Assim, realmente, não é possível estudar.

Temos de estar prevenidos para o fato de que raramente um texto se entrega facilmente à curiosidade do leitor. Por outro lado, não é qualquer curiosidade a que penetra ou se adentra na intimidade do texto para desnudar suas verdades, seus mistérios, suas inseguranças. Mas, a curiosidade epistemológica — a que, tomando distância do objeto, dele se *aproxima* com o ímpeto e o gosto de desvelá-lo. E essa curiosidade fundamental ainda não basta. É preciso que, servindo-nos dela, que nos "aproxima" do texto para seu exame, a ele nos demos também ou a ele nos entreguemos. Para isso, é necessário que evitemos igualmente outros *medos* que o *cientificismo* nos inoculou. O *medo*, por exemplo, de nossos sentimentos, de nossas emoções, de nossos desejos, o medo de que ponham a perder nossa cientificidade. O que eu sei sei com meu corpo inteiro: com minha mente crítica mas também com meus sentimentos, com minhas intuições, com minhas emoções. O que eu não posso é parar satisfeito ao nível dos sentimentos, das emoções, das intuições. Devo submeter os objetos de minhas intuições a um tratamento sério, rigoroso mas nunca desprezá-los.

Em última análise, a leitura de um texto é uma *transação* entre o sujeito leitor e o texto, como mediador do encontro do leitor com o autor do texto. É uma *composição* entre o leitor e o autor em que o leitor, esforçando-se com lealdade no sentido de não trair o espírito do autor, "re-escreve" o texto. E não é possível fazer isso sem a compreensão crítica do texto que, por sua vez, exige a superação do medo de ler e se vai dando no processo de criação daquela disciplina intelectual de que falei. Insistamos na disciplina referida. Ela tem que ver com a leitura e, por isso mesmo, com a escrita. Não é possível ler sem escrever e escrever sem ler.

Outro aspecto importante e que desafia mais ainda o leitor enquanto "re-criador" do texto que lê é que a *compreensão* do texto não se acha depositada, estática, imobilizada nas suas páginas à espera de que o leitor a desoculte. Se fosse totalmente assim, não poderíamos dizer que ler criticamente é "re-escrever" o lido. Por isso, falei antes na leitura como *composição* entre o leitor e o autor em que a significação mais profunda do texto é também criação do leitor.

Este ponto nos traz à necessidade da leitura também como experiência dialógica, em que a discussão do texto realizada por sujeitos leitores esclarece, ilumina e cria a compreensão grupal do lido. No fundo, a leitura em grupo faz emergir diferentes *pontos de vista* que, expondo-se uns aos outros, enriquecem a produção da inteligência do texto.

Das melhores práticas que tenho tido no Brasil e fora do Brasil, com a leitura, eu citaria as que realizei coordenando o grupo de leitura em torno do texto.

O que tenho observado é que a timidez em face da leitura ou o próprio medo tendem a ser superados e as tentativas de *invenção* do *sentido* do texto e não só de sua descoberta são liberadas.

Antes da leitura em grupo, obviamente, como preparação para ela, cada participante faz sua leitura individual. Consulta este ou aquele instrumento auxiliar. Estabelece esta ou aquela interpretação de um ou de outro trecho da leitura. O processo de criação da compreensão do que se vai lendo vai sendo construído no diálogo entre os diferentes pontos de vista em torno do desafio, que é o núcleo significativo do autor.

Como autor, mais do que satisfeito, eu exultaria se viesse a saber que este texto provocara em leitoras e leitores seus algum tipo de leitura comprometida como as sobre o que venho insistindo no corpo inteiro deste livro. No fundo, este deve ser o sonho legítimo de todo autor — ser lido, discutido, criticado, melhorado, reinventado, por seus leitores.

Voltemos um pouco a este aspecto da leitura crítica segundo o qual o leitor se torna ou vai se tornando igualmente produtor da inteligência do texto. O leitor será tão mais produtor da compreensão do texto quanto se faça realmente *apreensor* da compreensão do autor. Ele produz a inteligência do texto na medida em que ela se torna *conhecimento* que o leitor criou e não conhecimento que lhe foi justaposto pela leitura do livro.

Quando eu apreendo a compreensão do objeto em lugar de memorizar o perfil do conceito do objeto, eu conheço o objeto, eu produzo o conhecimento do objeto. Quando o leitor alcança criticamente a inteligência do objeto de que o autor fala o leitor *conhece* a inteligência do texto e se torna coautor desta inteligência. Não fala dela como quem apenas dela ouviu falar. O leitor trabalhou e retrabalhou a inteligência do texto por isso ela não estava lá, imobilizada, à sua espera. Nisto se encontra o *difícil* e o *apaixonante* do ato de ler.

Infelizmente, de modo geral, o que se vem fazendo nas escolas é levar os alunos a apassivar-se ao texto. Os exercícios de interpretação da leitura tendem a ser quase sua cópia oral. A criança cedo percebe que sua imaginação não joga: é quase algo proibido, uma espécie de pecado. Por outro lado, sua capacidade cognitiva é desafiada de maneira distorcida. Ela não é convidada, de um lado, a reviver imaginativamente, a estória contada no livro; de outro, a apropriar-se aos poucos, da significação do conteúdo do texto.

Seria certamente através da experiência de recontar a estória, deixando sua imaginação, seus sentimentos, seus sonhos e seus desejos livres para criar que a criança terminaria por arriscar-se a produzir a inteligência mais complexa dos textos.

Nada ou quase nada se faz no sentido de despertar e manter acesa, viva, curiosa, a reflexão conscientemente crítica, indispensável à leitura criadora, quer dizer, a leitura capaz de desdobrar-se na reescrita do texto lido.

Essa curiosidade necessária a ser estimulada pela professora ou professor no aluno leitor contribui decisivamente para a produção do conhecimento do conteúdo do texto que, por sua vez, se torna fundamental para a criação da sua significação.

É bem verdade que, se o conteúdo da leitura tem que ver com um dado concreto da realidade social ou histórica ou da biologia, por exemplo, a interpretação da leitura não pode trair o dado concreto. Mas isto não significa dever o estudante leitor memorizar textualmente o lido e repetir o discurso do autor mecanicamente. Esta seria uma "leitura bancária"[17] em que o leitor "comeria" o conteúdo do texto do autor com a ajuda do "professor nutricionista".

Insisto na indiscutível importância da educadora no aprendizado da leitura indicotomizável do da escrita a que os educandos devem entregar-se. A disciplina de mapear tematicamente o texto[18] que não deve ser exclusivamente realizada pela educadora mas também pelos educandos, desvelando interações dos temas uns com os outros na continuidade do discurso do autor, o chamamento da atenção dos leitores para as citações feitas no

---

[17] Ver Paulo Freire, *Pedagogia do oprimido*.
[18] Ver Paulo Freire, *Ação cultural para a liberdade e outros escritos*.

texto e para o papel das mesmas, a necessidade de sublinhar o momento estético da linguagem do autor, de seu domínio sobre a linguagem, sobre o vocabulário e que implica superar a desnecessária repetição de uma mesma palavra três, quatro vezes numa mesma página do texto.

Exercício de muita riqueza de que tenho tido notícia, vez ou outra, mesmo que não realizado em escolas, é possibilitar a dois ou três escritores, de ficção ou não, falar a alunos leitores seus, sobre como produziram seus textos. Como lidaram com a temática ou com as tramas que envolvem seus temas, como trabalharam sua linguagem, como perseguiram a boniteza no dizer, no descrever, no deixar algo em suspenso para que o leitor exercite sua imaginação. Como jogam com a passagem de um tempo a outro nas suas estórias. Afinal, como os escritores se leem a si mesmos e como leem a outros escritores.

É preciso, finalmente, que os educandos, experimentando-se cada vez mais criticamente na tarefa de ler e de escrever percebam as tramas sociais em que se constitui e se reconstitui a linguagem, a comunicação e a produção do conhecimento.

Terceira carta
DE FALAR *AO* EDUCANDO *A* FALAR *A* ELE E *COM* ELE; DE OUVIR O EDUCANDO A SER OUVIDA POR ELE

PARTAMOS DA TENTATIVA de inteligência do próprio enunciado, em cujo primeiro corpo se diz: De falar *ao* educando a falar a ele e *com* ele. Poderíamos organizar este primeiro corpo, sem prejudicar-lhe o sentido, assim: Do momento em que falamos *ao* educando ao momento em que falamos *com* ele; ou da necessidade de falar *ao* educando à necessidade de falar *com* ele ou ainda: é importante vivermos a experiência equilibrada, harmoniosa, entre falar *ao* educando e falar *com* ele. Quer dizer, há momentos em que a professora, enquanto autoridade, fala *ao* educando, diz o que deve ser feito, estabelece limites sem os quais a própria liberdade do educando se perde na licenciosidade, mas estes momentos, de acordo com a opção política da educadora, se alternam com outros em que a educadora fala *com* o educando.

Não é demais repetir aqui essa afirmação, ainda recusada por muita gente, apesar de sua obviedade, *a educação é um ato político*. A sua não neutralidade exige da educadora que se assuma como política e viva coerentemente sua opção progressista, democrática ou autoritária, reacionária, passadista ou se, espontaneísta, que se defina por ser democrática ou autoritária. É que o espontaneísmo, que às vezes dá a impressão de que se inclina pela liberdade termina por trabalhar contra ela. O clima de licenciosidade que ele cria, de vale tudo, reforça as posições autoritárias. Por outro lado, certamente, o espontaneísmo nega a formação do democrata, do homem e da mulher libertando-se na e pela luta em favor do ideal democrático assim como nega a "formação" do *obediente*, do *adaptado*, com que sonha o autoritário. O espontaneísta é anfíbio — vive na água e na terra — não tem inteireza, não se define consistentemente pela liberdade nem pela autoridade.

Seu clima é o da licenciosidade em que curte seu medo à liberdade. Daí que eu tenha falado na necessidade de o espontaneísta, superando sua indecisão política, finalmente se definir em favor da liberdade, vivendo-a autenticamente ou contra ela.

Este é, como estamos vendo na análise que realizamos, um problema em que se insere a questão da liberdade e da autoridade em suas relações contraditórias. Questão muito mais mal compreendida entre nós do que lucidamente entendida.

O fato mesmo de estarmos sendo uma sociedade marcadamente autoritária, com forte tradição mandonista, com inequívoca inexperiência democrática enraizada na nossa história, pode explicar nossa ambiguidade em face da liberdade e da autoridade.

É importante notar, também, que essa ideologia autoritária, mandonista, de que nossa cultura se acha *empapada*, corta as classes sociais. O autoritarismo do ministro, do presidente, do general, do diretor da escola, do professor universitário é o mesmo autoritarismo do peão, do cabo ou do sargento, do porteiro do edifício. Quaisquer dez centímetros de poder entre nós viram facilmente mil metros de poder e de arbítrio.

Mas, precisamente porque não fomos ainda capazes, na prática social, de resolver esse problema, de tê-lo claro diante de nós, tendemos a confundir o uso certo da autoridade com autoritarismo e, assim, porque negamos este, caimos na licenciosidade ou no espontaneísmo pensando que, pelo contrário, estamos respeitando as liberdades, fazendo, então, democracia. Outras vezes, somos autoritários mesmo, mas nos pensamos e de nós dizemos que somos progressistas.

De fato, porém, porque recuso o autoritarismo não posso cair na licenciosidade da mesma forma como, rejeitando a licenciosidade, não posso me entregar ao autoritarismo. Certa vez afirmei: um não é o contrário positivo do outro. O contrário positivo quer do autoritarismo manipulador quer do espontaneísmo licencioso é a radicalidade democrática.

Creio que estas considerações vem aclarando o tema desta carta. Posso afirmar agora que, se a professora é coerentemente autoritária ela é sempre o sujeito da fala enquanto os alunos são continuamente a *incidência* de seu discurso. Ela fala *a*, *para* e *sobre* os educandos. Fala de cima para baixo, certa de sua certeza e de sua verdade. E até quando fala *com* o educando é como se estivesse fazendo favor a ele, sublinhando a importância e o poder de sua voz. Esta não é a forma como a educadora democrática fala *com* o educando, nem sequer quando fala *a* ele. Sua preocupação é *avaliar* o aluno, é constatar se ele a segue ou não. A formação do educando, enquanto sujeito crítico que deve lutar constantemente pela liberdade, jamais move a educadora autoritária. Se a educadora é espontaneísta, na posição do "deixa como está para ver como fica", abandona os educandos a si mesmos e termina por nem falar *a* nem falar *com* os educandos.

Se, porém, a opção da educadora é democrática e a distância entre seu discurso e sua prática vem sendo cada vez menor, vive, em sua cotidianidade escolar, que submete sempre à sua análise crítica, a difícil mas possível e prazerosa experiência de falar *aos* educandos e *com* eles. Ela sabe que o diálogo não apenas em torno dos conteúdos a ser ensinados mas sobre a vida mesma, se verdadeiro, não somente é válido do ponto de vista do ato de ensinar, mas formador também de um clima aberto e livre no ambiente de sua classe.

Falar *a* e *com* os educandos é uma forma despretensiosa mas altamente positiva que tem a professora democrática de dar, em sua escola, sua contribuição para a formação de cidadãos e cidadãs responsáveis e críticos. Algo de que tanto precisamos, indispensável ao desenvolvimento de nossa democracia. A escola democrática, progressistamente pós-moderna e não a pós-modernamente tradicional e reacionária, tem um grande papel a cumprir no Brasil atual.

Longe de mim, contudo, ao insistir nesta temática, a da escola pós-modernamente progressista, pensar que a "salvação" do Brasil está nela. Naturalmente, a viabilização do país não está apenas na escola democrática, formadora de cidadãos críticos e capazes mas passa por ela, necessita dela, não se faz sem ela. E é nela que a professora que fala *ao* e *com* o educando *ouve* o educando, não importa a tenra idade dele ou não e, assim, é ouvida por ele. É ouvindo o educando, tarefa inaceitável pela educadora autoritária, que a professora democrática se prepara cada vez mais para ser ouvida pelo educando. Mas, ao aprender com o educando a falar com ele porque o ouviu, ensina o educando a ouvi-la também.

As considerações anteriores em torno da posição autoritária, da posição espontaneísta e da que chamo substantivamente democrática podem ser aplicadas, obviamente, ao problema de ouvir o educando e ser ouvido por ele. Esta é a questão crucial do direito à voz que têm educadoras e educandos. Ninguém vive plenamente a democracia nem tampouco a ajuda a crescer, primeiro, se é interditado no seu direito de falar, de ter voz, de fazer o seu discurso crítico; segundo, se não se engaja, de uma ou de outra forma, na briga em defesa deste direito, que, no fundo, é o direito também a atuar.

Assim, porém, como a liberdade do educando, na classe, precisa de limites para que não se perca na licenciosidade, a voz da educadora e dos educandos carece de limites éticos para que não resvale para o absurdo. É tão imoral ter nossa voz silenciada, nosso "corpo interditado" quanto imoral é o uso da voz para falsear a verdade, para mentir, para enganar, para deformar.

O meu direito à *voz* não pode ser um direito ilimitado, o direito de dizer o que bem entenda do mundo e dos outros. O de uma voz irresponsável que mente sem nenhum mal estar desde que da mentira se espere um resultado favorável aos desejos e aos planos do mentiroso.

É preciso e até urgente que a escola vá se tornando um espaço acolhedor e multiplicador de certos gostos democráticos como o de ouvir os outros, não por puro favor mas por dever, o de respeitá-los, o da tolerância, o do acatamento às decisões tomadas pela maioria a que não falte contudo o direito a quem diverge de exprimir sua contrariedade. O gosto da pergunta, da crítica, do debate. O gosto do respeito à coisa pública que entre nós vem sendo tratada como coisa privada, mas como coisa privada que se despreza.

É incrível a maneira como se desperdiçam as coisas entre nós e em que extensão e profundidade. Basta ler a imprensa diária e acompanhar noticiários de televisão para nos dar conta dos milhões que se jogam fora pelo desuso de aparelhos caríssimos de hospitais, pelas obras que, por desonestidade na sua construção, se deterioram antes do tempo. Obras milionárias que quase misteriosamente se evaporam deixando apenas vestígios de si. Se os administradores responsáveis por tais descalabros fossem punidos, pagassem à nação e ou fossem para a cadeia, obviamente com direito de defesa, a situação melhoraria.

Uma atividade a ser incluída na vida normal político-pedagógica da escola poderia ser a discussão, de quando em vez, de casos como os de que falei agora. A discussão com alunos sobre o que representa para nós, a curto e a longo prazo, semelhante sem-vergonhice. Do ponto de vista do desfalque material na economia da nação como do dano ético que esses descalabros nos causam a todos nós. É preciso mostrar as cifras às crianças, aos adolescentes e dizer-lhes com clareza e com firmeza que o fato de os responsáveis agirem assim, despudoradamente, não nos autoriza, na intimidade de nossa escola, a arrebentar as mesas, a estragar o giz, a desperdiçar a merenda, a sujar as paredes.

Não vale dizer: Os poderosos fazem por que não faço eu? Os poderosos roubam por que não roubo eu? Os poderosos mentem por que não minto eu? Não vale. Decididamente, não vale.

Não se constrói nenhuma democracia séria, que implica mudar radicalmente as estruturas da sociedade, reorientar a política da produção e do desenvolvimento, reinventar o poder, fazer justiça aos expoliados, abolir os ganhos indevidos e imorais dos todo-poderosos sem prévia e simultaneamente trabalhar esses gostos democráticos e essas exigências éticas.

Um dos equívocos dos marxistas mecanicistas foi viver e não apenas pensar nem tampouco afirmar que, por ser supraestrutura, a educação não tem o que fazer antes que a sociedade seja radicalmente transformada na sua infraestrutura, nas suas condições materiais. Antes, o que se pode fazer é a *propaganda ideológica* para a mobilização e a organização das massas populares. Nisto, como em tudo, os mecanicistas falharam. Pior ainda, atrasaram a luta em favor do socialismo que eles antagonizaram com a democracia.[19]

Um outro gosto democrático, de que o seu contrário antagônico se acha entranhado em nossas tradições cul-

---

[19] Ver Paulo Freire, *Pedagogia da esperança*.

turais autoritárias, é o já referido gosto do respeito aos diferentes. O gosto da tolerância de que o racismo e machismo fogem como o diabo da cruz.

O exercício desse gosto democrático, numa escola realmente aberta ou se abrindo teria que cercar o gosto autoritário, racista ou machista, primeiro, em si mesmo, como negação da democracia, das liberdades e dos direitos dos diferentes, como negação de um necessário humanismo. Segundo, como expressão de tudo isso e, ainda, como contradição incompreensível quando o gosto antidemocrático, não importa qual seja, se expressa na prática de homens ou de mulheres reconhecidos como progressistas.

Que dizer, por exemplo, de um homem considerado como progressista que, apesar do discurso em favor das classes populares, se comporta como proprietário de sua família? Homem cujo mandonismo asfixia mulher, filhos e filhas?

Que dizer da mulher que luta na defesa dos interesses de sua categoria mas que, em casa, raramente agradece à cozinheira pelo copo de água que ela lhe traz e que, em conversas com amigas, chama a cozinheira de "essa gente"?

É difícil, realmente, fazer democracia. É que a democracia, como qualquer sonho, não se faz com palavras desencarnadas, mas com reflexão e prática. Não é o que digo o que diz que eu sou democrata, que não sou racista ou machista, mas o que faço. É preciso que o que eu diga não seja contraditado pelo que faço. É o que faço que diz de minha lealdade ou não ao que digo.

Na luta entre o dizer e o fazer em que nos devemos engajar para diminuir a distância entre eles, tanto é possível refazer o dizer para adequá-lo ao fazer quanto mudar o fazer para ajustá-lo ao dizer. Por isso a coerência termina por forçar uma nova opção. No momento em que descubro a incoerência entre o que digo e o que faço — discurso progressista, prática autoritária, se, refletindo, às vezes sofridamente, apreendo a ambiguidade em que me acho, sinto não poder continuar assim e busco uma saída. Desta forma, uma nova opção se impõe a mim. Ou mudo o discurso progressista por um discurso coerente com a minha prática reacionária ou mudo minha prática por uma democrática, adequando-a ao discurso progressista. Há finalmente uma terceira opção: a opção pelo cinismo assumido, que consiste em encarnar lucrativamente a incoerência.

Acho que uma das formas de ajudar a democracia entre nós é combater com clareza e segurança os argumentos ingênuos mas fundados no real ou em parte dele, segundo os quais não vale a pena *votar*. Que política é sempre assim, esse descaramento geral, vergonhoso. Que todos são iguais: "Por isso, já ouvi muito esta afirmação, vou votar agora em quem *faz*, mesmo que roube."

Na verdade, as coisas são diferentes. Esta é a forma que nos está sendo possível de fazer política, mas não é necessariamente esta *a* forma que sempre teremos de fazer política. Não é a política que nos faz assim. Nós é que fazemos esta política e indiscutivelmente a política que fazemos, agora, é de melhor qualidade do que a que se fez na minha infância. E, por fim, não são todos os políticos que fazem política assim nos diferentes níveis de governo e em diferentes partidos políticos.

Como educadoras e educadores, não podemos nos eximir de responsabilidade na questão fundamental da democracia brasileira e de como participar na busca de seu aperfeiçoamento.

Como educadoras e educadores somos políticos, fazemos política ao fazer educação. E se sonhamos com a *democracia* que lutemos, dia e noite, por uma escola em que falemos *aos* e *com* os educandos para que, ouvindo-os possamos ser por eles ouvidos também.

Quarta carta
Identidade cultural e educação

Refletir, preocupar-nos, perguntar-nos em torno das relações entre a identidade cultural que tem sempre um corte de classe social, dos sujeitos da educação e a prática educativa é algo que se nos impõe. É que a identidade dos sujeitos tem que ver com as questões fundamentais de currículo, tanto o oculto quanto o explícito e, obviamente, com questões de ensino e aprendizagem.

Discutir, porém, a questão da identidade dos sujeitos da educação, educadores e educandos, me parece que implica desde o começo de tal exercício, salientar que, no fundo, a identidade cultural, expressão comumente e cada vez mais usada por nós, não pode pretender exaurir a totalidade da significação do fenômeno cujo conceito é *identidade*. O atributo cultural, acrescido do restritivo *de classe*, não esgota a compreensão do termo identidade. No fundo, mulheres e homens nos tornamos seres especiais e singulares. Conseguimos, ao longo de uma longa história, deslocar da *espécie* o ponto de decisão de muito do que somos e do que fazemos para nós mesmos individualmente mas, na engrenagem social sem a qual não seríamos também o que estamos sendo. No fundo, nem somos só o que herdamos nem apenas o que adquirimos, mas a relação dinâmica, processual do que herdamos e do que adquirimos. E há algo entre o que herdamos, e que François Jacob enfatiza em entrevista recente ao *Courrier de L'UNESCO*, que é da mais alta importância para a compreensão de nosso tema. "Nós", diz Jacob, "somos programados, mas, para aprender". E é exatamente porque nos foi possível, com a invenção da *existência*, algo mais que a vida mesma e que nós criamos com os materiais que a vida nos ofereceu, deslocar da espécie para nós o ponto de decisão de muito do que estamos e estaremos sendo e mais, porque, com a invenção social da linguagem, lado a lado com a operação sobre o mundo, alongamos o mundo natural que não fizemos em mundo cultural e histórico, produtos nossos, que nos tornamos animais permanentemente *inscritos* num processo de aprender e buscar. Processo que só se faz possível na medida em que "não podemos viver a não ser em função do amanhã".[20]

Aprender e buscar, a que necessariamente se juntam ensinar e conhecer que, por sua vez, não podem prescindir de liberdade, não enquanto doação mas enquanto algo indispensável e necessário, enquanto um "sine qua non" por que temos de brigar incessantemente, fazem parte de nossa forma de estar sendo no mundo. E é exatamente porque somos programados mas não determinados, somos condicionados mas, ao mesmo tempo, conscientes do condicionamento, é que nos

---

[20] François Jacob, "Nous sommes programmés, mais pour apprendre", *Le Courrier de L'UNESCO*.

tornamos aptos a lutar pela liberdade como processo e não como ponto de chegada. É por isso também que o fato de "cada ser conter", diz Jacob, "em seus cromossomos todo o seu próprio futuro"[21] não significa, de modo algum, que a nossa *liberdade* se afogue, se submerja nas estruturas hereditárias como se elas fossem o lugar certo para o sumiço de nossa possibilidade de vivê-la.

Condicionados, programados mas não determinados, movemo-nos com um mínimo de liberdade de que dispomos na moldura cultural para ampliá-la. Desta forma, através da educação como expressão também cultural, podemos "explorar", como adverte François Jacob, "mais ou menos, as possibilidades inscritas nos cromossomos".[22]

Fica clara a importância da identidade de cada um de nós como sujeito, educador ou educando, da prática educativa. E da identidade entendida nesta relação contraditória, que somos nós mesmos, entre o que herdamos e o que adquirimos. Relação contraditória em que, às vezes, o que adquirimos em nossas experiências sociais, culturais, de classe, ideológicas interfere de forma vigorosa, através do poder dos interesses, das emoções, dos sentimentos, dos desejos, do que se vem costumando chamar "a força do coração" na estrutura hereditária. Não somos, por isso, só uma coisa nem só a outra. Nem só, repetimos, o inato, nem tampouco o adquirido, apenas.

---

[21] Ibidem.
[22] Ibidem.

A chamada "força do sangue", para usar uma expressão popular, existe, mas não é determinante. Como a presença do cultural sozinha não explica tudo.

No fundo, a liberdade como façanha criadora dos seres humanos, como aventura, como experiência de risco e de criação, tem muito a ver com a relação entre o que herdamos e o que adquirimos.

As interdições à nossa liberdade são muito mais produtos das estruturas sociais, políticas, econômicas, culturais, históricas, ideológicas do que das estruturas hereditárias. Não podemos ter dúvidas em torno do poder da *herança* cultural, de como nos conforma e nos obstaculiza de ser. Mas, o fato de sermos seres programados, condicionados e conscientes do condicionamento e não determinados é que se faz possível superar a força das heranças culturais. A transformação do mundo material, das estruturas materiais a que se junte simultaneamente um esforço crítico-educativo é o caminho para a superação, jamais mecânica, desta herança.

O que não é possível, porém, neste esforço de superação de certas heranças culturais que, repetindo-se de geração a geração dão às vezes a impressão de que se petrificam, é deixar de levar em consideração a sua existência. É bem verdade que as mudanças infraestruturais alteram às vezes rapidamente formas de ser e de pensar que há muito perduravam. Por outro lado, reconhecer a existência de heranças culturais deve implicar o respeito a elas. Respeito que não significa, de modo nenhum, a nossa adequação a elas. O nosso reconhecimento delas e o nosso respeito por elas são condições fundamentais para o esforço de mudança. Por outro lado, é preciso estarmos claros com relação a algo óbvio: essas heranças culturais têm um inegável corte de classe social. É nelas que vai se constituindo muito de nossa identidade que, por isso mesmo, está marcada pela classe social de que participamos.

Pensemos um pouco na identidade cultural dos educandos e do necessário respeito que devemos a ela em nossa prática educativa.

Creio que o primeiro passo na direção deste respeito é o reconhecimento de nossa identidade, o reconhecimento do que estamos sendo na atividade prática em que nos experimentamos. É na prática de fazer as coisas de uma certa maneira, de pensar, de falar uma certa linguagem, como por exemplo: as canções *de* que mais gosto e não: as canções *que* mais gosto, sem a preposição *de*, regendo o pronome *que*; é na prática de fazer, de falar, de pensar, de ter certos gostos, certos hábitos, que termino por me reconhecer de uma certa forma, coincidente com outras gentes como eu. Essas outras gentes têm corte de classe idêntico ou próximo do meu.

É na prática de experimentarmos as diferenças que nos descobrimos como *eus* e *tus*. A rigor, é sempre o outro enquanto *tu* que me constitui como eu na medida em que *eu*, como *tu* do outro, o constituo como eu.

Forte tendência nossa é a que nos empurra no sentido de fazer claro que o diferente de nós é inferior. Partimos de que a nossa forma de estar sendo não é apenas boa mas é melhor do que a dos outros, diferentes de nós. A intolerância é isso. É o gosto irresistível de se opor às diferenças.

A classe dominante, porém, devido a seu próprio poder de perfilar a classe dominada, primeiro, recusa a diferença mas, segundo, não pretende ficar igual ao diferente; terceiro, não tem a intenção de que o diferente fique igual a ela. O que ela pretende é, mantendo a diferença e guardando a distância, admitir e enfatizar na prática, a inferioridade dos dominados.

Um dos desafios aos educadores e às educadoras progressistas, em coerência com sua opção é, em sua prática, não se sentirem nem procederem como se fossem seres inferiores a educandos das classes dominantes da rede privada que, arrogantes, destratam e menosprezam o professor de classe média. Mas também, em oposição, não se sentirem superiores, na rede pública, aos educandos das favelas, aos meninos e às meninas populares. Aos meninos sem conforto, que não comem bem, que não "vestem bonito", que não "falam certo", que falam com outra sintaxe, com outra semântica e outra prosódia.

O que se coloca à educadora progressista, coerente, nos dois casos não é, no primeiro, assumir uma posição agressiva de quem puramente revida e, no segundo, deixar-se tentar pela hipótese de que as crianças, "pobrezinhas", são naturalmente incapazes. Nem uma posição de revanche nem de submissão no primeiro caso, mas a de quem assume sua responsável autoridade de educadora, nem, no segundo caso, uma atitude paternalista ou depreciadora das crianças populares.

O ponto de partida para esta prática compreensiva é saber, é estar convencida de que a educação é uma prática política. Daí, repitamos, a educadora é *política*. Em consequência, é imperioso que a educadora seja coerente com sua opção, que é política. Em continuação, que a educadora seja cada vez mais competente cientificamente o que a faz saber o quanto é importante conhecer o mundo concreto em que seus alunos vivem. A cultura em que se acha em ação sua linguagem, sua sintaxe, sua semântica, sua prosódia, em que se vêm formando certos hábitos, certos gostos, certas crenças, certos medos, certos desejos não necessariamente facilmente aceitos no mundo concreto da professora.

A rigor, é inviável o trabalho formador, docente, que se realize num contexto que se pense teórico, mas, ao mesmo tempo, faça questão de permanecer tão longe do e indiferente ao *contexto concreto*, ao mundo imediato da ação e da sensibilidade dos educandos.

Pensar que é possível a realização de um tal trabalho em que o *contexto teórico* se separa de tal modo da experiência dos educandos no seu *contexto concreto* só é concebível a quem julga que o ensino dos conteúdos se faz indiferentemente do e independentemente do que os educandos já sabem a partir de suas experiências anteriores à escola. E não para quem, com razão, recusa essa dicotomia insustentável entre *contexto concreto* e *contexto teórico*.

O ensino dos conteúdos não pode ser feito, a não ser autoritariamente, vanguardistamente, como se fossem *coisas*, saberes, que se podem superpor ou justapor ao corpo consciente dos educandos. Ensinar, aprender, conhecer não têm nada que ver com essa prática mecanicista.

As educadoras precisam saber o que se passa no mundo das crianças com quem trabalham. O universo de seus sonhos, a linguagem com que se defendem, manhosamente, da agressividade de seu mundo. O que sabem e como sabem independentemente da escola.

Dois ou três anos atrás, dois professores da UNICAMP, o físico Carlos Arguelo e o matemático Eduardo Sebastiani Ferreira, participaram de um encontro universitário no Paraná, em que se discutiu o ensino da matemática e da ciência em geral. Ao voltar para o hotel após a primeira manhã de atividades encontraram num campo abandonado um grupo de crianças empinando papagaio. Aproximaram-se dos meninos e com eles começaram a conversar.

"Quantos metros de linha você costuma soltar para empinar o papagaio?", perguntou Sebastiani.

"Mais ou menos cinquenta metros", disse o menino.

"Como você calcula para saber que solta mais ou menos cinquenta metros de linha?", indaga Sebastiani.

"A cada tanto, de dois metros mais ou menos", disse o garoto, "faço um nó na linha. Quando a linha vem correndo na minha mão, vou contando os nós e aí sei quantos metros tenho de linha solta".

"E em que altura você acha que está o papagaio agora?", perguntou o matemático.

"Quarenta metros", disse o garoto.

"Como você calculou?"

"No quanto eu dei de linha e na barriga que a linha fez."

"Poderíamos calcular esse problema", diz Sebastiani, no texto inédito dele e de Carlos Arguelo, "fundados na trigonometria ou por semelhança de triângulos".

O garoto, no entanto, me disse:

"Se o papagaio estivesse alto, bem em cima de minha cabeça, ele estaria, em altura, os mesmos metros que soltei de linha, mas, como o papagaio está longe de minha cabeça, inclinado, ele está menos do que os metros soltos de linha."

"Houve aí", diz Sebastiani, "um raciocínio de graus".

Em seguida, indaga Arguelo ao menino sobre a construção do molinete e Gelson responde fazendo uso das quatro operações fundamentais, afirma Arguelo. Ironicamente, arremata o físico, Gelson, tão gente quanto Gerson, digo eu, havia sido reprovado na escola em matemática. Nada do que ele sabia tinha valor para a escola porque o que ele sabia havia aprendido na sua experiência na concretude de seu contexto. Ele não falava de seu saber na linguagem formal e bem-comportada, mecanicamente memorizada, que a escola reconhece como a única legítima.

Coisa pior se dá no domínio da linguagem em que quase sempre se desrespeitam totalmente a sintaxe, a ortografia, a semântica, a prosódia de classe das crianças populares.

Jamais disse ou sequer sugeri que as crianças das classes populares não devessem aprender o chamado "padrão culto" da língua portuguesa do Brasil, como às vezes se afirma. O que sempre tenho dito é que os problemas da linguagem envolvem sempre questões ideológicas e, com elas, questões de poder. Por exemplo, se há um "padrão culto" é porque há outro considerado inculto. Quem perfilou o inculto como tal? Na verdade, o que tenho dito e por que me bato é que se ensine aos meninos e meninas populares o padrão culto, mas, ao fazê-lo, que se ressalte:

1] que sua linguagem é tão rica e tão bonita quanto a dos que falam o padrão culto, razão por que não têm que se envergonhar de como falam;
2] que mesmo assim, porém, é fundamental que aprendam a sintaxe e a prosódia *dominantes* para que:
a) diminuam as desvantagens na luta pela vida;
b) ganhem um instrumento fundamental para a briga necessária contra as injustiças e as discriminações de que são alvo.

É pensando e agindo assim que me sinto coerente com minha opção progressista, antielitista. Não sou dos que contraindicaram Lula para a Presidência da República porque diz "menas verdade" e votaram em Collor com tanta verdade de menos.

Em conclusão, a escola democrática não apenas deve estar permanentemente aberta à realidade contextual de seus alunos, para melhor compreendê-los, para melhor exercer sua atividade docente, mas também disposta a aprender de suas relações com o contexto concreto. Daí, a necessidade de, professando-se democrática, ser realmente humilde para poder reconhecer-se aprendendo muitas vezes com quem sequer se escolarizou.

A escola democrática de que precisamos não é aquela em que só o professor ensina, em que só o aluno aprende e o diretor é o mandante todo-poderoso.

Quinta carta
Contexto concreto — contexto teórico

Nesta carta vou tomar como objeto de minha reflexão não só as relações que estes dois contextos, concreto e o teórico, estabelecem entre si, mas também a maneira como, em cada um deles, nos comportamos. É possível também, já que, em outras cartas, fiz referência a esses contextos que, de vez em quando, me repita. Espero, contudo, que as prováveis repetições ajudem mais aos leitores e leitoras do que os ou as aborreçam.

O sentido ou um dos sentidos principais que me motiva a tratar este tema é sublinhar a importância da *relação* em tudo o que fazemos e na própria experiência existencial nossa enquanto experiência social e histórica. A importância da relação das coisas entre elas, dos objetos entre eles, das palavras entre elas na composição das frases e destas entre si, na estrutura do texto. Da importância das relações entre as pessoas, da maneira como se ligam — a agressividade, a amorosidade, a indiferença, a recusa ou a discriminação subreptícia ou aberta. As relações entre educadoras e educandos, entre sujeitos cognoscentes e objetos cognoscíveis. Deixemos claro, desde logo, não ser objeto desta carta tratar todo este conjunto de relações que ensaiamos e com que nos envolvemos diariamente, mas algumas delas que se acham englobadas nas que se dão entre o contexto concreto e o teórico, em relação um com o outro.

Creio que uma das afirmações a ser feitas é que a *relação* em si, no mundo animado e no inanimado, é condição fundamental da vida mesma e da vida com o seu contrário.

Somos, porém, os únicos seres capazes de poder ser objetos e sujeitos das relações que travamos com os outros e com a História que fazemos e nos faz e refaz. Entre nós e o mundo as relações podem ser criticamente percebidas ou ingenuamente percebidas ou magicamente percebidas, mas, entre nós há uma consciência destas relações a um nível como não há entre nenhum outro ser vivo com o mundo.

Entre nós a *prática* no mundo, na medida em que começamos não só a saber que *vivíamos* mas a *saber* que *sabíamos* e que, portanto, podíamos saber mais, iniciou o processo de gerar o *saber* da própria prática. É nesse sentido, de um lado, que o *mundo* foi deixando de ser para nós, puro *suporte*[23] sobre que estávamos, de outro, se tornou ou veio se tornando o *mundo* com o qual estamos em relação e de que finalmente o puro *mexer* nele se converteu em *prática* nele. É assim que a prática veio se tornando uma ação sobre o mundo desenvolvida por sujeitos a pouco e pouco ganhando consciência do próprio *fazer* sobre o *mundo*. Foi a prática que fundou a fala sobre ela e a consciência dela, prática. Não haveria prática, mas puro *mexer* no mundo se quem, *mexendo* no

---
[23] Ver a esse respeito Paulo Freire, *Pedagogia do oprimido*.

mundo, não se tivesse tornado capaz de *ir sabendo* o que *fazia* ao *mexer* no mundo e para que *mexia*. Foi a consciência do *mexer* que promoveu o *mexer* à categoria de *prática* e fez com que a *prática* gerasse necessariamente o *saber dela*. Neste sentido, a *consciência da prática* implica a *ciência* da prática embutida, anunciada nela. Desta forma, fazer ciência é *descobrir, desvelar* verdades em torno do mundo, dos seres vivos, das coisas, que repousavam à espera do desnudamento, é dar sentido objetivo a algo que novas necessidades emergentes da prática social colocam às mulheres e aos homens.

A ciência, *quefazer* humano que se dá na História que mulheres e homens fazem com sua prática não é, por isso mesmo, um "a priori" da História.

A *prática* de que temos consciência exige e gesta a ciência dela.

Daí que não possamos esquecer as relações entre a produção, a técnica indispensável a ela e a ciência.

"Uma das ciências que mais se beneficiou da produção", diz Adolfo Vasquez, é a física. Seu nascimento como tal é tardio: não a conheceram em seu estado característico nem a Antiguidade grega nem a Idade Média. O fraco desenvolvimento das forças produtivas na sociedade escravista grega e sob o feudalismo determinava que não se sentisse na época a necessidade de criar a física.

A ciência física surge na idade moderna com Galileu, correspondendo a necessidades práticas da indústria nascente."[24]

---

[24] Antonio Sanchez Vasquez, *Filosofia da práxis*, 2. ed., Rio de Janeiro, Paz e Terra, 1977.

Me parece importante, na altura deste texto, voltar a salientar a necessidade que, do contexto teórico, tomemos distância do concreto, no sentido de perceber como, na prática nele exercida, se acha embutida a sua teoria, de que, às vezes, não suspeitamos ou que mal sabemos.

Quando, por exemplo, um jovem índio do interior da Amazônia, me disse o professor Adão Cardoso, biólogo da UNICAMP, que fora convidado pelo índio para aprender a usar arpão na pescaria, respondendo à indagação provocadora do cientista que lhe perguntara por que atirava o arpão não no peixe, mas entre o peixe e a lateral do barco, respondeu: "Não. Atirei no peixe. Você não viu certo porque às vezes os olhos mentem", o índio explicava à sua maneira, ao nível da "ciência" que sua prática permitia, o fenômeno da refração.

À custa de sua prática e da prática de sua aldeia, o jovem índio tinha intimidade com o fenômeno e o operava com acerto. Não tinha, porém, a "raison d'être" do fenômeno.

Há ainda algo que gostaria de comentar com relação a esses dois contextos e como neles nos comportamos.

Comecemos pelo contexto concreto. Pensemos em momentos importantes de um dia nosso no contexto de nossa cotidianidade.[25] Despertamos, tomamos o banho matinal, saímos de casa para o trabalho. Cruzamos gentes conhecidas ou não. Obedecemos aos semáforos. Se estão verdes, atravessamos as ruas, se

---

[25] Ver a esse propósito Karel Kosik, *Dialética do concreto*. Rio de Janeiro, Paz e Terra, 1976.

vermelhos, paramos à espera. Fazemos tudo isso sem contudo nos perguntar uma vez sequer por que fizemos. Nos damos conta de que fazemos mas não indagamos das razões por que fazemos. É isso o que caracteriza o nosso mover-nos no mundo concreto da cotidianidade. Agimos nele com uma série de *saberes* que ao terem sido aprendidos ao longo de nossa sociabilidade viraram *hábitos* automatizados. E porque agimos assim nossa mente não funciona epistemologicamente.[26] Nossa curiosidade não se "arma" em busca da razão de ser dos fatos. Simplesmente se acha capaz de perceber que algo não ocorreu como era de esperar ou que se processou diferentemente. É capaz de cedo, quase instantaneamente, nos advertir de que há algo errado.

Andemos um pouco mais e vejamos como nos movemos no *contexto concreto* de nosso trabalho, em que as relações entre a *prática* e o *saber* da *prática* são indicotomizáveis. Mas, mesmo que indicotomizáveis, no contexto prático, concreto, não atuamos o tempo todo epistemologicamente curiosos. Fazemos as coisas, porque temos certos hábitos de fazê-las. Ainda que, assumindo a curiosidade típica de quem busca a razão de ser das coisas, mais amiude do que na situação descrita da experiência na cotidianidade, preponderantemente não o fazemos. O ideal na nossa formação permanente está em que nos convençamos de e nos preparemos para o uso mais sistemático de nossa curiosidade epistemológica.

---

[26] Ver Paulo Freire, *Pedagogia do oprimido*.

A questão central que se coloca a nós, educadoras e educadores, no capítulo de nossa formação permanente é como, do *contexto teórico*, tomando distância de nossa *prática*, desembutimos dela o saber dela. A ciência que a funda.

Em outras palavras, é como do *contexto teórico* "tomamos distância" de nossa prática e nos tornamos epistemologicamente curiosos para então apreendê-la na sua razão de ser.

É desvelando o que fazemos desta ou daquela forma, à luz de conhecimento que a ciência e a filosofia oferecem hoje, que nos corrigimos e nos aperfeiçoamos. É a isso que chamo pensar a prática e é pensando a prática que aprendo a pensar e a praticar melhor. E quanto mais penso e atuo assim, mais me convenço, por exemplo, de que é impossível ensinarmos conteúdos sem saber como pensam os alunos no seu contexto real, na sua cotidianidade. Sem saber o que eles sabem independentemente da escola para que os ajudemos a saber melhor o que já sabem, de um lado e, de outro, para, a partir daí, ensinar-lhes o que ainda não sabem.

Não podemos deixar de levar em consideração as condições desfavoráveis, materiais, que muitos alunos de escolas da periferia da cidade experimentam. A precariedade de suas habitações, a deficiência de sua alimentação, a falta, em seu cotidiano, de atividades de leitura da palavra, de estudo escolar, a convivência com a violência, com a morte de que se tornam quase sempre íntimos. Tudo isso, é de modo geral, pouco levado em consideração não apenas pela escola básica, de primeiro grau, em que essas crianças estudam, mas também nas escolas de formação para o magistério. Tudo isso, porém, tem enorme papel na vida dos Carlos, das Marias, das Carmens. Tudo isso marca, inegavelmente, a maneira cultural de estar sendo dessas crianças.

Certa vez, fui procurado — o que de vez em quando acontece — por um grupo de jovens concluintes do curso de magistério de uma escola de São Paulo.

Eram jovens de classe média, com boas condições de vida. Se declaravam assustadas, quase como se estivessem sendo ameaçadas, em face da possibilidade de, cedo ou tarde, assumirem alguma classe numa escola da periferia.

"Atravessamos o nosso curso todo", diziam elas, "sem que jamais se tivesse falado a nós do que é uma favela. Dos meninos e meninas faveladas. O que sabemos dessas áreas da cidade, pela televisão e pelos jornais, é que elas são palco de absoluta violência e que as crianças, cedo, se tornam marginais".

As jovens me falavam da favela como se ela se gerasse a si mesma e não como resultado da luta pela sobrevivência a que as estruturas injustas de uma sociedade perversa empurram os "demitidos da vida". Me falavam da favela como o recanto do desvio ético e como o sítio dos perdidos. E me falavam das meninas e dos meninos favelados quase sem esperança.

Em face de tudo isso, eu, pelo menos, não vejo outro caminho para caminhar com minha raiva legítima, com minha justa ira, com minha indignação necessária senão o da luta político-democrática de que possam vir resultando as indispensáveis transformações na sociedade brasileira sem as quais esse estado de coisas se agrava em lugar de desaparecer.

Grandes obras para mim, por isso, não são os grandes túneis atravessando a cidade de um bairro a outro ou os parques cheios de verde postos nas áreas felizes da cidade. São tudo isso também, desde, porém, que, prioritariamente, se trabalhe pela humanização da vida de quem vem sendo proibido de ser desde a "invenção" do Brasil: *as classes populares*.

No contexto teórico, o da formação permanente da educadora, é indispensável a reflexão crítica sobre os condicionamentos que o contexto cultural tem sobre nós, sobre nossa maneira de agir, sobre nossos valores. A influência que as nossas dificuldades econômicas exercem sobre nós, como podem obstaculizar nossa capacidade de aprender, ainda que careçam de poder para nos "emburrecer". O contexto teórico, formador, não pode jamais, como às vezes se pensa, ingenuamente, transformar-se num contexto de puro *fazer*. Ele é, pelo contrário, contexto de *quefazer*, de práxis, quer dizer, de *prática* — de *teoria*.

A dialeticidade entre prática e teoria deve ser plenamente vivida nos contextos teóricos da formação de quadros. Essa ideia de que é possível formar uma educadora *praticamente*, ensinando-lhe a como dizer bom-dia a seus alunos, a como moldar a mão do educando no traçado de uma linha, sem nenhuma convivência séria com a teoria é tão cientificamente errada quanto a de fazer discursos, preleções *teóricas*, sem levar em consideração a realidade concreta, ora das professoras ora das professoras e de seus alunos. Quer dizer, desrespeitar o contexto da prática que explica a maneira como se pratica, de que resulta o saber da própria prática; desconhecer que o discurso teórico, por mais correto que seja, não pode superpor-se ao *saber* gerado na *prática* de outro contexto.

Tudo isso implica uma compreensão distorcida da prática mesma, da teoria. Os *pacotes*, a que me referi em carta anterior, são um exemplo excelente desta compreensão distorcida da prática e da teoria. Um exemplo excelente até de como, entre nós, progressistas atuam reacionariamente.

Há quarenta anos, quando diretor de Educação do Serviço Social da Indústria de Pernambuco, SESI,[27] uma das lutas em que me empenhei foi a de enfrentar a insistência com que mães e pais proletários exigiam de nós que seus filhos aprendessem a ler e a escrever a partir do A B C. A partir do alfabeto, das letras e não das frases que implicam palavras em relação, na estrutura do pensamento.

"Foi assim, com a carta do A B C na mão, decorando as letras, que todo mundo que eu conheço e que sabe ler, aprendeu. Meu avô aprendeu assim. Meu pai aprendeu assim. Eu, também. Por que não meu filho?", diziam quase em coro nos chamados *círculos de pais e professores* que eu coordenava. Foi participando daqueles encontros, daqueles debates, que fui tomando conhecimento, de um lado, que a prática social de que fazemos parte vai gerando um saber dela mesma a que a ela corresponde, de outro, o "saber de experiência feito" tem de ser respeitado, e mais, sua superação passa por ele.

---

[27] Ver a esse propósito, a nota 5 de Ana Maria Freire, em *Pedagogia da esperança*.

Me lembro, hoje ainda, de como fui aprendendo a ser coerente e de que a coerência não é conivência. De um lado, já naquela época, defendia o direito de participação das famílias no debate da própria política educacional da escola, mas, de outro, reconhecia o muito de desacerto dos pais, como, por exemplo, a exigência de que alfabetizássemos as crianças a partir das letras ou as solicitações constantes no sentido de sermos *duros* com as crianças.

"Pancada", diziam muitos dos pais, "é que faz *home* macho". "Castigo é que ensina o menino a aprender."

Estas ideias ou algumas delas às vezes eram compartidas por professoras que "hospedavam" na intimidade de seu corpo a ideologia autoritária dominante. No fundo, tanto quanto ou quase, os pais, algumas professoras tinham medo e raiva da liberdade, medo dos educandos e se fechavam para perceber o quanto há, no processo de conhecer, de demandante, mas, também, de apaixonante, de gratificante, de provocador de alegria.

Minha passagem pelo SESI foi um tempo de profundo aprendizado. Aprendi, por exemplo, que a minha coerência não estaria em atender aos pais e às mães que nos exigiam os desacertos referidos nem a silenciá-los com, no mínimo, o poder de nosso discurso. Não poderíamos, de um lado, rechaçá-los dizendo um *não* contundente a tudo, afirmando que não era científico nem aceitar tudo para dar exemplo de respeito democrático. Não podíamos ser "mornos". Precisávamos dar suporte às iniciativas deles, já que os convidáramos e lhes disséramos que tinham direito a opinar, a criticar, a sugerir. Mas, por outro lado, não poderíamos dizer *sim* a tudo. A saída era político-pedagógica. Era o debate, a conversa franca com que procurássemos esclarecer a nossa posição em face de seus pleitos.

Tenho na memória, agora, as caras de espanto, de surpresa, de interesse, de curiosidade de enorme maioria de mães e de pais de todas as escolas que mantínhamos quando, durante sessões de nossos círculos de pais e professoras lhes pedi que me dissessem se conheciam alguma criança que tivesse começado a falar dizendo F, L, M.

Depois de algum silêncio, cortado por uns sorrisos indecisos, depois de alguns movimentos de cotovelos golpeando de leve o braço do vizinho como quem dissesse: "sai dessa!", um deles, com a anuência dos demais, falou: "Não! Eu, pelo menos, já vi muito menino começar a falar, mas nunca vi nenhum deles começar dizendo letras. Sempre dizendo mamãe, pão, não, quero."

Gostaria então que pensássemos no seguinte: se mulheres e homens, como criancinhas, começaram a falar não dizendo letras, mas dizendo *palavras* que valem *frases* — quando o neném chora e diz mamã, o neném estará querendo dizer: *Mamãe, tenho fome* ou *Mamãe, estou molhado*. Estas palavras com que os bebês começam a falar se chamam "frases monopalábricas", isto é, frases de ou com uma só *palavra*. Pois bem, se é assim que todos nós começamos a falar, como, então, no momento de aprender a escrever e a ler, devemos fazer através de *decoração* das letras?

Ninguém, rigorosamente, ensina ninguém a falar. A gente aprende no mundo, na casa da gente, na sociedade.

Na rua, no bairro, na escola. A fala, a linguagem da gente é uma aquisição. A gente adquire a fala socialmente. A fala vem muito antes da escrita assim como uma certa "escrita" ou o anúncio dela vem muito antes do que a gente chama escrita. E assim como é preciso falar para falar, é preciso escrever para escrever. Ninguém escreve se não escreve como ninguém aprende a andar se não andar.

Por isso mesmo, devemos estimular ao máximo as crianças para que falem e para que escrevam. É das garatujas, uma forma indiscutível de escrita, que devemos elogiar, que elas partem para a escrita a ser estimulada. Que escrevam, que contem suas estórias, que as inventem e reinventem os contos populares de seu contexto.

Foi com conversas, se não totalmente assim, mais ou menos assim, que fomos transformando os círculos de pais e professoras num *contexto teórico* em que procurávamos a razão de ser das coisas.

Me lembro, neste instante, de uma conversa que tive em particular com uma angustiada mãe, a seu pedido. Me falou de seu menino de dez anos, como "impossível", como "brabo", desobediente, "diabólico", insuportável. "A única saída que tenho", dizia, "é amarrar ele num tronco de árvore no quintal de casa", concluiu com um certo gosto na cara de quem estivesse naquele instante amarrando o menino.

"Por que você não muda um pouco a forma de castigar? Veja, não lhe digo que acabe de uma vez com o castigo. Pedrinho até que estranharia se, a partir de amanhã, você nada mais fizesse para puni-lo. Digo só que mude o castigo. Escolha alguma forma de fazê-lo sentir que você recusa um certo comportamento dele. Mas, através de uma forma menos violenta. Por outro lado, você precisa ir demonstrando a Pedrinho, primeiro, que você o ama, segundo, que ele tem direitos e deveres. Direito, por exemplo, a brincar, mas tem o dever de respeitar os outros. Direito de achar o estudo aborrecido, cansativo, mas também tem o dever de cumprir com suas obrigações. Pedrinho, como todos nós, precisa de *limites*. Ninguém pode fazer o que quer. Sem *limites* a vida social seria impossível.

Na verdade, porém, não é amarrando Pedrinho ou fazendo uma *ladainha* diária a ele sobre seus 'erros' "que você vai ajudar Pedrinho a ser melhor ele mesmo. Para isso, é preciso mudar aos poucos a forma de ser ou de estar sendo da própria casa. É preciso ir mudando as relações com Pedrinho para que a vida *de* Pedrinho mude também. É preciso vencer a dificuldade de conversar com ele."

O pai de Pedrinho havia deixado a casa havia um ano. A mãe de Pedrinho trabalhava duramente como lavadeira de duas ou três famílias e era ajudada por uma irmã mais moça que morava com ela.

Quando nos despedimos, me apertou a mão de forma que me pareceu esperançosa.

Um mês depois, ela estava na primeira fila da sala, na reunião de pais e professoras. No meio da reunião, se pôs de pé para defender a moderação dos castigos, a maior tolerância dos pais, a conversa mais amiude entre eles e os filhos, mesmo que reconhecesse o quanto isto era difícil, muitas vezes, considerando as dificuldades concretas de suas vidas.

Na saída, veio a mim. Apertou minha mão e disse: "Obrigada. Já não uso o tronco." Sorriu segura de si e se foi entre outras mães que deixavam igualmente a escola.

Como contexto prático-teórico a escola não pode prescindir de conhecimentos em torno do que se passa no contexto concreto de seus alunos e das famílias de seus alunos. Como, por exemplo, entender as dificuldades durante o processo de alfabetização de alunos sem saber o que se passa em sua experiência em casa bem como em que extensão é ou vem sendo escassa a convivência com *palavras escritas* em seu contexto sociocultural?

Uma coisa é a criança filha de intelectuais, que vê seus pais lidando com a leitura e escrita, outra é a criança de pais que não leem a *palavra* e que, mais ainda, não veem mais de cinco ou seis faixas de propaganda eleitoral e uma ou outra propaganda comercial.

Quando fui secretário municipal de educação no governo de Luiza Erundina cheguei a cogitar, numa das muitas entrevistas que dei, ao discutir esta questão, a possibilidade de, motivando particulares, que alguma empresa, com a orientação pedagógica da Secretaria, aceitasse o projeto de *"plantar frases"* em lugares significativos de áreas assim iletradas. A intenção era provocar a curiosidade das crianças e dos adultos também. Frases que tivessem que ver com a prática social da área e não a ela estranhas. Frases que seriam também aproveitadas pelas escolas em volta da região da experiência.

Muitos anos antes, quando vivi e trabalhei no Chile como exilado, havia visto surpreso e feliz numa zona de reforma agrária em que se desenvolvia o trabalho de alfabetização de adultos frases e palavras gravadas em troncos de árvores pelos alfabetizandos. A socióloga Maria

Edy Ferreira disse daqueles camponeses que eram também "semeadores de palavras".[28]

Não quero que se pense que uma comunidade iletrada hoje se torne letrada amanhã só porque "plantemos palavras e frases" nela. Não! Uma comunidade vai se tornando letrada na medida em que novas necessidades sociais, de natureza material e também espiritual, o exigem. É possível, porém, antes que as mudanças ocorram, que possamos ajudar as crianças a ler e a escrever usando artifícios como o de que falei.

A formação permanente das educadoras, que implica a reflexão crítica sobre a prática, se funda exatamente nesta dialeticidade de que venho falando, entre a prática e a teoria. Os grupos de formação, em que essa prática de mergulhar na prática para, nela, iluminar o que nela se dá e o processo em que se dá o que se dá, são, se bem realizados a melhor maneira de viver a formação permanente.[29] O primeiro ponto a ser afirmado com relação aos grupos de formação na perspectiva progressista em que me situo é o de que não produzem sem a necessária existência de uma liderança democrática, alerta, curiosa, humilde e cientificamente competente. Sem essas qualidades assumidas os grupos de formação não se realizam como verdadeiros

---

[28] Ver Paulo Freire, *Pedagogia do oprimido*.
[29] A Secretaria Municipal de Educação trabalhou durante toda a gestão da prefeita Luiza Erundina a formação permanente de seus quadros de educadores e educadoras, em cooperação com a Universidade de São Paulo, com a Universidade de Campinas e com a Pontifícia Universidade Católica de São Paulo, através de grupos de formação a que a professora Madalena F. Weffort juntou sua contribuição original.

contextos teóricos. Sem essa liderança cuja competência científica deve estar acima da dos grupos não se faz o desvelamento da intimidade da prática. Não se pode mergulhar nela e, iluminando-a, perceber os equívocos e os erros cometidos, as "traições" da ideologia ou os obstáculos que dificultam o processo de conhecer.

Um segundo aspecto, agora, que tem que ver com a operação mesma dos grupos, é o que se prende ao conhecimento que os grupos devem ter de si mesmos. É o problema de sua identidade sem o que dificilmente se constituem solidamente. E, se não o conseguem ao longo de sua experiência, não lhes é possível, com clareza, saber *que* querem, *como* caminhar *para tratar* o *que* querem, que implica saber *para que*, *contra que*, a *favor* de *que* e de *quem* se engajam na melhora de seu próprio saber.

A prática de pensar a prática, de estudar a prática, nos leva à percepção da percepção anterior ou ao conhecimento do conhecimento anterior que, de modo geral, envolve um novo conhecimento.

Na medida em que marchamos no contexto teórico dos grupos de formação, na iluminação da prática e na descoberta dos equívocos e erros, vamos também, necessariamente, ampliando o horizonte do conhecimento científico sem o qual não nos "armamos" para superar os equívocos cometidos e percebidos. Este necessário alargamento de horizontes que nasce da tentativa de resposta à necessidade primeira que nos fez refletir sobre a prática tende a aumentar seu espectro. O esclarecimento de um ponto aqui desnuda outro ali que precisa de, igualmente, ser desvelado. Esta é a dinâmica do processo de pensar a prática. É por isso que pensar a prática ensina a pensar melhor da mesma forma como ensina a praticar melhor.

Neste sentido, o trabalho intelectual em um contexto teórico exige pôr em prática, em sua plenitude, o ato de estudar de que não pode deixar de fazer parte a leitura crítica do mundo, envolvendo a leitura e a escrita da palavra. Ler e escrever textos de tal maneira se completam, mais do que isso, se identificam nos contextos teóricos, que neles não cabe dizer, se são eficazes: "Não sei escrever, não sei ler."

Gostaria de sublinhar ainda a leitura de jornais, de revistas, estabelecendo conexões entre fatos comentados, ocorrências, desgovernos, e a vida da escola. A importância da audiência de certos programas de TV, devidamente gravados em vídeo, da feitura deliberada de vídeos fixando retalhos de práticas, até mesmo de uma das sessões de trabalho do grupo. Nenhum recurso que possa ajudar a reflexão sobre a prática, de que possa resultar sua melhora pela produção de mais conhecimento, pode ou deve ser posto de lado.

Algo importante também para evitar o risco de um negativo *especialismo* dos grupos de estudo como contextos teóricos, por exemplo, é, de quando em quando, fazer reuniões interdisciplinares juntando diferentes grupos para o debate de um mesmo tema, visto sob prismas diferentes, mas concernentes.

Prática interessante a ser realizada seria a permuta de vídeos entre diferentes grupos de formação, incluindo vídeos sobre os trabalhos de formação dos próprios grupos. O grupo A encaminhava ao B um vídeo em que se havia fixado uma de suas sessões de estudo e recebia do B um outro com material idêntico. Ambos os grupos se comprometiam de gravar suas reações às atividades um do outro. As experiências de reflexão se ampliariam de maneira extraordinária.

Conheci na Tanzânia, África Equatorial, uma experiência de eficácia enorme. Um cineasta canadense filmava a discussão entre uma comunidade camponesa e o agrônomo sobre a produção da próxima temporada agrícola. Em seguida, mostrando o filme a outra comunidade, a 100 quilômetros, filmava o debate sobre o debate da comunidade anterior. Voltava, depois, à primeira comunidade, a quem mostrava a reação dos companheiros que eles sequer conheciam.

Desta forma, diminuía as distâncias entre as comunidades, aumentava o conhecimento em torno do país, estabelecia laços necessários entre elas e possibilitava um nível mais crítico de compreensão da realidade nacional.

Dentro de pouco tempo, me disse o cineasta, ele cobria grande parte da Tanzânia, o que lhe criou, obviamente, certos problemas junto a áreas mais retrógradas do país.

Desafiar o povo a ler criticamente o mundo é sempre uma prática incômoda para os que fundam o seu poder na "inocência" dos explorados.

Quem ajuíza o que faço é minha prática mas minha prática iluminada teoricamente.

Sexta carta
DAS VIRTUDES OU QUALIDADES INDISPENSÁVEIS AO MELHOR DESEMPENHO DE PROFESSORAS E PROFESSORES PROGRESSISTAS

GOSTARIA, LOGO NO COMEÇO DESSA CARTA, de deixar claro que as virtudes ou qualidades de que vou falar e que me parecem indispensáveis às educadoras e aos educadores progressistas são predicados que vão se gerando na sua prática. Mais ainda, são gerados na prática em coerência com a opção política, de natureza crítica, da educadora ou do educador progressista. As virtudes de que falarei não são por isso mesmo algo com que nascemos ou que encarnamos por decreto ou recebemos de presente. Por outro lado, ao serem alinhadas neste texto, não quero atribuir à ordem em que apareçam nenhum juízo de valor. Todas são necessárias à prática educativa progressista.

Começarei pela *humildade* que, de modo algum, significa falta de acato a nós mesmos, acomodação, covardia. Pelo contrário, a humildade exige coragem, confiança em nós mesmos, respeito a nós mesmos, e aos outros.

A humildade nos ajuda a reconhecer esta coisa óbvia: ninguém sabe tudo; ninguém ignora tudo. Todos sabemos algo; todos ignoramos algo. Sem humildade dificilmente ouviremos com respeito a quem consideramos demasiadamente longe de nosso nível de competência. Mas, a humildade que nos faz ouvir o considerado menos competente do que nós não é um ato de condescendência de nossa parte ou comportamento que temos como quem paga promessa feita com fervor: "Prometo a Santa Luzia que, se o problema de meus olhos não for algo sério, vou ouvir com atenção os rudes e ignorantes pais de meus alunos." Não. Não é isso. Ouvir com atenção quem nos procura, não importa seu nível intelectual, é dever humano e gosto democrático, nada elitista.

De fato, não vejo como conciliarmos a adesão ao sonho democrático, a superação dos preconceitos, com a postura inumilde, arrogante, na qual nos sentimos cheios de nós mesmos. Como ouvir o outro, como dialogar, se só ouço a mim mesmo, se só vejo a mim mesmo, se ninguém que não seja eu mesmo me move ou me comove. Se, humilde, não me minimizo nem aceito humilhação, por outro lado, estou sempre aberto a aprender e a ensinar. A humildade me ajuda a jamais deixar-me cair preso no circuito de minha verdade. Um dos auxiliares fundamentais da humildade é o *bom senso* que nos adverte estarmos próximos, com certas atitudes, de ir mais além do limite a partir do qual ela se perde.

A arrogância do "sabe com quem está falando?", a empáfia do *sabichão* incontido no gosto de fazer conhecido e reconhecido o seu saber, nada disso tem que ver com a *mansidão* não com a apatia, do humilde. É que a humildade não floresce na insegurança das pessoas, mas na segurança insegura dos cautos. Por isso é que uma das expressões da humildade é a segurança insegura, a certeza incerta e não a certeza demasiado certa de si mesma.

A postura do autoritário, pelo contrário, é sectária. A sua é a única verdade que necessariamente deve ser imposta aos demais. É na sua *verdade* que reside a *salvação* dos demais. O seu saber é "iluminador" da "obscuridade" ou da ignorância dos outros, que por isso mesmo devem estar submetidos ao saber e à arrogância do autoritário ou da autoritária.

Não faz mal que, agora, retome uma análise anteriormente feita — a do autoritarismo, não importa se dos pais e mães, não importa se das professoras ou professores. Autoritarismo de que podemos esperar nos filhos e alunos ora posições *rebeldes*, refratárias a qualquer presença de limites ou de disciplina, negação à *autoridade*, mas também apatia, obediência exagerada, anuência sem crítica ou resistência ao discurso do autoritário, renúncia a si mesmo, medo à liberdade.

Quando disse antes que do autoritarismo paterno e/ou materno ou docente se pode esperar um ou outro dos tipos de reação acima descrito é porque, felizmente, no domínio do humano as coisas não se dão *mecanicamente*. Desta forma, é possível a certas crianças passar quase ilesas à rigorosidade do arbítrio, o que não nos autoriza a jogar com esta possibilidade e não nos esforçar por ser menos autoritários se não por causa do sonho democrático, em nome do respeito do ser em formação de nossos filhos e filhas, de nossos alunos e alunas.

Mas, por outro lado, é preciso juntar à *humildade* com que a professora atua e se relaciona com seus alunos, uma outra qualidade, a *amorosidade*, sem a qual seu trabalho perde o significado. E amorosidade não apenas aos alunos, mas ao próprio processo de ensinar. Devo confessar que, sem nenhuma cavilação, não acredito que, sem uma espécie de "amor armado", como diria o poeta Thiago de Melo, educadora e educador possam sobreviver às negatividades de seu *quefazer*. Às injustiças, ao descaso do poder público, expresso na sem-vergonhice dos salários, no arbítrio com que professoras e não *"tias"* que se rebelam e participam de manifestações de protesto através de seu sindicato, são punidas mas continuam, apesar de tudo, entregues ao trabalho com seus alunos.

É preciso contudo que esse amor seja, na verdade um "amor armado", um *amor brigão* de quem se afirma no direito ou no dever de ter o direito de lutar, de denunciar, de anunciar. É essa a forma de amar indispensável ao educador ou educadora progressista e que precisa de ser aprendida e vivida por nós.

Acontece, porém, que a amorosidade de que falo, o sonho pelo qual brigo e para cuja realização me preparo permanentemente, exigem, por tudo o de que já falei, que eu invente em mim, na minha experiência social, outra qualidade: a *coragem* de lutar ao lado da coragem de amar.

A *coragem*, como virtude, não é algo que se ache fora de mim. Enquanto superação do meu medo ela o implica.

Em primeiro lugar, quando falamos sobre o medo devemos estar absolutamente seguros de que estamos falando sobre algo muito concreto. Isto é, o medo não é uma abstração. Em segundo lugar, creio que devemos saber que estamos falando sobre uma coisa muito normal. Outro ponto que me vem à mente ao tentar abordar a questão é que quando pensamos no medo somos levados a refletir sobre a necessidade que temos de ser muito claros a respeito de nossas opções o que, por sua vez, exige certos procedimentos e práticas concretas que são as próprias experiências que provocam o medo.

Na medida em que tenho mais e mais clareza a respeito de minha opção, de meus sonhos, que são substantivamente políticos e adjetivamente pedagógicos, na medida em que reconheço que, enquanto educador, sou um político, também entendo melhor as razões pelas quais tenho medo e percebo o quanto temos ainda de caminhar para melhorar nossa democracia. É que, pôr em prática um tipo de educação que provoca criticamente a consciência do educando necessariamente trabalha contra alguns mitos que nos deformam. Ao contestar esses mitos contestamos também o poder dominante pois que esses mitos são expressões desse poder, de sua ideologia.

Quando começamos a ser envolvidos por medos concretos, tais como o de perder o emprego, o de não ser promovidos, sentimos a necessidade de estabelecer certos limites a nosso medo. Antes de mais nada, reconhecemos que é normal sentir medo. Sentir medo é manifestação de que estamos vivos. Não tenho que esconder meus temores. Mas, o que não posso permitir é que meu medo me imobilize. Se estou seguro do meu sonho político, com táticas, que talvez diminuam os riscos que corro, devo prosseguir na luta. Daí, a necessidade de comandar meu medo, de *educar* meu medo, de que nasce finalmente minha coragem.[30] Por isso é que não posso,

---

[30] Ver a este propósito, Paulo Freire e Ira Shor, *Medo e ousadia, o cotidiano do professor*.

de um lado, negar meu medo, de outro, abandonar-me a ele, mas controlá-lo. E é no exercício de seu controle que minha coragem necessária vai sendo partejada.

É por isso que há medo sem coragem, que é o medo que nos avassala, que nos paralisa, mas não há coragem sem medo, que é o medo que, "falando" de nós como gente, vem sendo por nós limitado, submetido, controlado.

Outra virtude a respeito de que, uma ou outra vez fiz referência no corpo deste livro é a *tolerância*. Sem ela é impossível um trabalho pedagógico sério, sem ela é inviável uma experiência democrática autêntica, sem ela a prática educativa progressista se desdiz. A tolerância não é, porém, a posição irresponsável de quem faz o jogo do faz de conta.

Ser tolerante não é ser *conivente* com o intolerável, não é acobertar o desrespeito, não é amaciar o agressor, disfarçá-lo. A tolerância é a virtude que nos ensina a conviver com o diferente. A aprender com o diferente, a respeitar o diferente.

Num primeiro momento, falar em tolerância é quase como se estivéssemos falando em favor. É como se ser tolerante fosse uma forma cortês, delicada, de aceitar, de *tolerar* a presença não muito desejada de meu contrário. Uma maneira civilizada de consentir numa convivência que de fato me repugna. Isso é hipocrisia, não tolerância. Hipocrisia é defeito, é desvalor. Tolerância é virtude. Por isso mesmo se a vivo devo vivê-la como algo que assumo. Como algo que me faz coerente, primeiro, com o ser histórico, inconcluso que estou sendo, segundo, com minha opção político-democrática. Não vejo como possamos ser democráticos sem experimentar, como princípio fundamental, a tolerância, a convivência com o diferente.

Ninguém aprende tolerância num clima de irresponsabilidade, como nele não se faz democracia. O ato de tolerar implica o clima de estabelecimento de limites, de princípios a ser respeitados. Por isso afirmei antes que a tolerância não é *conivência* com o intolerável. Sob regime autoritário, em que a autoridade se exacerba ou sob regime licencioso, em que a liberdade não se limita, dificilmente aprendemos a tolerância. A tolerância requer respeito, disciplina, ética. O autoritário, *empapado* de preconceitos de sexo, de classe, de raça, jamais pode, antes de vencer seus preconceitos, ser tolerante. É por isso que o discurso *progressista* do preconceituoso, em contraste com sua prática, é um discurso falso e vazio. É por isso também que o cientificista que toma ou entende a *ciência* como *verdade última*, daí que fora dela nada valha pois é ela a que nos dá a certeza de que não se pode duvidar, é igualmente intolerante. Não há como sermos tolerantes imersos no cientificismo, o que não nos deve levar à negação da ciência.

Gostaria agora de agrupar a *decisão*, a *segurança*, a *disciplina intelectual*, como virtudes a serem cultivadas por nós, se educadores ou educadoras progressistas.

A capacidade de decisão da educadora ou do educador é absolutamente necessária a seu trabalho formador. É testemunhando sua habilitação para decidir que a educadora ensina a difícil virtude da decisão. Difícil na medida em que decidir é romper para optar. Ninguém decide a não ser por uma coisa contra a outra, por um ponto contra outro, por uma pessoa contra outra. Por isso é que toda opção que se segue à decisão exige uma criteriosa avaliação no ato de comparar para optar por um dos possíveis polos ou pessoas ou posições. É a avaliação, com todas as implicações que ela engendra, que me ajuda, finalmente, a optar.

Decisão é ruptura nem sempre fácil de ser vivida. Mas não é possível existir sem romper por mais difícil que nos seja romper.

Uma das deficiências de uma educadora é a sua incapacidade de decidir. Sua *indecisão*, que os educandos entendem como fraqueza moral ou como incompetência profissional. A educadora democrática, só por ser democrática, não pode anular-se, pelo contrário, se não pode assumir sozinha a vida de sua classe, não pode, em nome da democracia, fugir à sua responsabilidade de tomar decisões. O que não pode é ser arbitrária nas decisões que toma. O testemunho, enquanto autoridade de não assumir o seu dever, deixando-se tombar na licenciosidade é certamente mais funesto do que o de extrapolar os limites de sua autoridade.

Há muitas ocasiões em que o bom exemplo pedagógico, na direção da democracia, é tomar a decisão com os alunos, depois da análise do problema que exige esta ou aquela decisão. Em outras, em que a decisão a ser tomada deve ser da alçada da educadora, não há por que não assumi-la, não há por que omitir-se.

A indecisão revela falta de segurança, uma qualidade indispensável a quem quer que tenha responsabilidade no governo, não importa se de uma classe, de uma família, de uma instituição, de uma empresa ou do Estado.

A segurança, por sua vez, demanda competência científica, clareza política e integridade ética.

Não posso estar seguro do que faço se não sei como fundamentar cientificamente, a minha ação, se não tenho pelo menos algumas ideias em torno do que faço, de por que faço, para que faço. De se pouco ou nada sei sobre a favor de que e de quem, de contra que e contra quem faço o que estou fazendo ou farei. Se não me movo em nada, se o que faço fere a dignidade das pessoas com quem trabalho, se as exponho a situações vexatórias que posso e devo evitar, minha insensibilidade ética, meu cinismo me contraindicam a encarnar a tarefa do educador. Tarefa que exige uma forma criticamente disciplinada de atuar com que a educadora desafia seus educandos. Forma disciplinada que tem que ver, de um lado, com a competência que a professora vai revelando aos educandos, discreta e humildemente, sem estardalhaços arrogantes, de outro, com o equilíbrio com que a educadora exerce sua autoridade — segura, lúcida, determinada.

Nada disso, porém, pode ser concretizado se falta à educadora o gosto da procura permanente da justiça. Ninguém pode proibi-la de gostar mais de um aluno, por "n" razões, do que dos outros. É um direito seu. O que ela não pode é preterir o direito dos outros para aquinhoar o seu preferido.

Há outra qualidade fundamental que não pode faltar à educadora progressista e que exige dela a sabedoria com que se dê à experiência de viver a tensão entre a *paciência* e a *impaciência*. Nem a *paciência* sozinha nem a *impaciência* solitária. A *paciência* sozinha pode levar a educadora a posições de acomodação, de espontaneísmo, com que nega seu sonho democrático. A *paciência* desacompanhada pode conduzir ao imobilismo, à inação. A impaciência, sozinha, por outro lado, pode levar a educadora ao ativismo cego, à ação por ela mesma, à prática em que não se respeitam as necessárias relações entre tática e estratégia. A paciência isolada tende a obstaculizar a consecução dos objetivos da prática, tornando-a "tenra", "macia" e inoperante. Na impaciência insulada ameaçamos o êxito da prática que se perde na arrogância de quem se julga dono da história. A paciência só, se exaure no puro blá-blá-blá. A impaciência a sós, no ativismo irresponsável.

A virtude não está, pois, em nenhuma delas sem a outra, mas em viver a permanente tensão entre elas. Viver e atuar impacientemente paciente, sem jamais se dar a uma ou a outra, isoladamente.

Ao lado desta forma de ser e de atuar, equilibrada, harmoniosa, se impõe outra virtude que venho chamando *parcimônia verbal*. A parcimônia verbal está implicada na assunção da tensão paciência impaciência. Quem vive a impaciente paciência dificilmente, a não ser em casos excepcionais, perde o controle sobre sua fala, dificilmente extrapola os limites do discurso ponderado mas enérgico. Quem preponderantemente vive a paciência apenas abafa sua legítima raiva que expressa num discurso frouxo e acomodado. Quem, pelo contrário, descontroladamente é só impaciência tende ao destempero no discurso. O discurso do *paciente* é sempre *bem comportado* enquanto o discurso do *impa-*

ciente, de modo geral, vai mais além do que a realidade mesma suportaria.

Ambos estes discursos, o muito controlado como o em nada disciplinado contribuem para a preservação do *status quo*. O primeiro por estar demasiado aquém da realidade; o segundo, por ir mais além do limite suportável.

O discurso e a prática benevolente do só *paciente* na classe sugere aos educandos que tudo ou quase tudo é possível. Há, no ar, uma paciência às portas do inesgotável. O discurso nervoso, arrogante, incontrolado, irrealista, sem limite, se acha *empapado* de inconsequência, de irresponsabilidade.

Em nada esses discursos ajudam na formação dos educandos.

Há ainda os que são excessivamente temperados em seu discurso mas, de vez em quando se destemperam. Dá só paciência passam inesperadamente para a incontida impaciência, criando um clima de insegurança nos demais de resultados indiscutivelmente péssimos.

Há um sem número de mães e pais que se comportam assim. De uma licenciosidade em que a fala e a ação são coerentes, "batem" uma na outra, numa terça-feira, mas transformam a quarta num universo de desatinos, de discursos e ordens autoritárias que deixam as filhas e os filhos estupefatos, mas, sobretudo instáveis. A *ondulação* no comportamento dos pais limita nos filhos e ou nas filhas o equilíbrio emocional de que precisam para crescer. Amar não basta, precisamos de saber amar.

Me parece importante, reconhecendo a incompletude das reflexões em torno das virtudes, discutir um pouco a *alegria de viver* como virtude fundamental da prática educativa democrática.

É me dando plenamente à vida e não à morte, o que não significa, de um lado, negar a morte, de outro, mitificar a vida, que me entrego, disponivelmente, à *alegria de viver*. E é a minha entrega à alegria de viver, sem que esconda a existência de razões para tristeza na vida, que me prepara para estimular e lutar pela alegria na escola.

É vivendo, não importa se com deslizes, com incoerências, mas disposto a superá-los, a humildade, a amorosidade, a coragem, a tolerância, a competência, a capacidade de decidir, a segurança, a eticidade, a justiça, a tensão entre paciência e impaciência, a *parcimônia verbal*, que contribuo para criar, para forjar a escola feliz, a escola alegre. A escola que se aventura, que marcha, que não tem medo do risco, por que recusa o imobilismo. A escola em que se pensa, em que se atua, em que se cria, em que se fala, em que se ama, se adivinha, a escola que, apaixonadamente diz *sim* à vida. E não a escola que emudece e me emudece.

A solução realmente mais fácil para encarar os obstáculos, o desrespeito do poder público, o arbítrio da autoridade antidemocrática é a acomodação fatalista em que muitos de nós se instalam.

Que posso fazer se é sempre assim. Me chamem *professora* ou *tia* eu continuo mal paga, desconsiderada, desatendida. Pois que assim seja. Esta é na verdade a posição mais fácil, mais cômoda, mas é também a posição de quem se demite da luta, da história. É a posição de quem renuncia à briga, ao conflito, sem os quais negamos a própria dignidade da vida. Não há vida, nem humana existência, sem briga e sem conflito. O conflito[31] parteja a nossa consciência. Negá-lo é desconhecer os mais mínimos pormenores da experiência, primeiro, vital, segundo, social. Fugir a ele é ajudar a preservação do status quo.

Por isso, não vejo outra saída além da unidade na diversidade de interesses não antagônicos dos educadores e das educadoras na defesa de seus direitos. O direito à sua liberdade docente, o direito à sua fala, o direito a melhores condições de trabalho pedagógico, o direito a tempo livre e remunerado para dedicar à sua formação permanente, o direito de ser coerente, o direito a criticar as autoridades sem medo de punição a que corresponde o dever de responsabilizar-se pela veracidade de sua crítica, o direito de ter o dever de ser sérios, coerentes, de não mentir para sobreviver.

Para que esses direitos sejam mais do que reconhecidos, respeitados e encarnados é preciso que lutemos. Às vezes, que lutemos ao lado do sindicato e até contra ele, se sua liderança é sectária de direita ou de esquerda. Mas também às vezes é preciso que lutemos enquanto administração progressista contra as raivas endemoniadas dos retrógrados, dos tradicionalistas entre os quais alguns se julgam progressistas e dos neoliberais para quem a História parou neles.

---

[31] Ver a este propósito Moacir Gadotti, Paulo Freire e Sérgio Guimarães, *Pedagogia: diálogo e conflito*, São Paulo, Cortez Editora, 1985.

Sétima carta
DAS RELAÇÕES ENTRE AS EDUCADORAS E OS EDUCANDOS

CREIO QUE SERIA QUASE IMPOSSÍVEL escrever cartas sobre os vários temas que venho debatendo neste livro sem, vez ou outra, voltar a este ou àquele aspecto anteriormente discutido.

Na medida em que me centro, agora, na análise das relações entre educadora e educandos não posso deixar de lado a questão do ensino, da aprendizagem, do processo de conhecer-ensinar-aprender — a questão da autoridade, da liberdade, a questão da leitura, da escrita, das virtudes da educadora, da identidade cultural dos educandos e do respeito devido a ela. Posso até não falar delas, mas não posso desconhecer que elas se acham envolvidas naquelas relações.

Nesta carta, tentarei me prender ao *testemunho* da educadora como um "discurso" coerente permanente. Da educadora, talvez nem devesse acrescentar, progressista. Tentarei pensar o *testemunho* como a melhor maneira de chamar a atenção do educando para a validade do que se propõe, para o acerto do que se valora, para a firmeza na luta, na busca da superação das dificuldades. A prática educativa em que inexista a relação coerente entre o que a educadora diz e o que ela faz é, enquanto prática educativa, um desastre.

Que se pode esperar para a formação dos educandos de uma professora que protesta contra as restrições à sua liberdade por parte da direção da escola mas ao mesmo tempo, cerceia a liberdade dos educandos, afrontosamente? Felizmente, no plano humano, nenhuma explicação mecanicista elucida nada. Não se pode afirmar que os educandos de uma tal educadora se tornem necessariamente apáticos ou vivam em permanente rebelião. Mas, muito melhor seria para eles se semelhante descompaço entre o que se diz e o que se faz não lhes tivesse sido imposto. E entre o *testemunho de dizer* e *o de fazer*, o mais forte é o do *fazer* porque este tem ou pode ter efeitos imediatos. O pior, porém, para a formação do educando, é que, diante da contradição entre fazer e dizer o educando tende a não acreditar no que a educadora diz. Se, agora, ela afirma algo, ele espera a próxima ação para detectar a próxima contradição. E isso corrói o perfil da educadora que ela mesma vai fazendo de si e revelando aos educandos.

As crianças têm uma sensibilidade enorme para perceber que a professora faz exatamente o contrário do que diz. O "faça o que eu digo e não o que eu faço" é uma tentativa quase vã de remediar a contradição e a incoerência. Disse quase vã porque nem sempre o que se diz e está sendo contraditado pelo que se faz é completamente esmagado. O que se diz tem, às vezes, uma tal força em si mesmo, que o defende da hipocrisia de quem, dizendo-o, faz o contrário seu. Mas, exatamente porque está apenas sendo dito e não vivido, perde muito de sua força. Quem vê a incoerência em processo bem que pode dizer-se a si mesmo: se esta coisa que está sendo proclamada mas, ao mesmo tempo, tão fortemente negada na prática, fosse realmente boa, ela não seria apenas *dita* mas *vivida*.

Uma das coisas mais negativas nisto tudo é a deterioração das relações entre educadora(or) e educandos.

E que dizer da professora que testemunha constantemente fraqueza, dubiedade, insegurança, nas suas relações com os educandos? Que não se assume jamais como autoridade na classe?

Me lembro de mim mesmo, adolescente, e do quanto me fazia mal presenciar o desrespeito que um de nossos professores revelava de si próprio ao ser objeto de chocotas de grande parte dos alunos sem nenhuma condição para pôr ordem às coisas. Sua aula era a segunda da manhã e ele já entrava na sala vencido, onde a malvadez de alguns adolescentes o esperava para fustigá-lo, para maltratá-lo. Ao terminar o seu arremedo de aula, ele não podia dar as costas aos alunos e marchar para a porta. A vaia estrondosa cairia sobre ele, pesada e arestosa, e isto devia gelá-lo. No canto da sala onde me sentava via-o pálido, diminuído, pequeno, diminuto, recuando até a porta. Abrindo-a rápido, sumia envolto na sua insustentável fraqueza.

Nas minhas memórias de adolescente guardo a figura daquele homem fraco, indefeso, de cor pálida, que carregava consigo o medo daqueles meninos que faziam de sua fraqueza um brinquedo seu e o medo de perder o emprego, no medo dos meninos gerado.

Enquanto assistia à ruína de sua autoridade *eu*, que sonhava com tornar-me professor, prometia a mim mesmo que jamais me entregaria assim à negação de mim próprio. Nem o todo-poderosismo do professor autoritário, arrogante, cuja palavra é sempre a última nem a insegurança e a falta completa de presença e de poder que aquele professor exibia.

Outro testemunho que não nos deve faltar em nossas relações com os alunos é o de nossa permanente disposição em favor da justiça, da liberdade, do direito de ser. A nossa entrega à defesa dos mais fracos, submetidos à exploração dos mais fortes. É importante, também, neste empenho de todos os dias, mostrar aos alunos como há boniteza na luta ética. Ética e estética se dão as mãos. Não se diga, porém, que em áreas de pobreza imensa, de carência profunda, essas coisas não podem ser feitas. As experiências que a professora Madalena F. Weffort viveu pessoalmente durante três anos numa favela de São Paulo, em que ela, me arrisco a dizer, mais do que em qualquer outro contexto, se tornou plenamente educadora e pedagoga, foram experiências em que isto foi possível. Em torno de suas experiências em contexto faltoso de tudo que nossa apreciação de classe e o nosso saber de classe consideram indispensáveis, mas farto de muitos outros elementos que nosso saber de classe menospreza, ela prepara um livro. Nele, certamente, contará e analisará a história de Carlinha de que, tendo falado em um texto meu,[32] a reproduzo agora.

Rondando a escola, perambulando pelas ruas da vila, seminua, sujo na cara, que escondia sua beleza, alvo de

---

[32] "Alfabetização como elemento de formação da cidadania", conferência pronunciada em Brasília, em reunião patrocinada pela UNESCO e pelo Ministério da Educação, Brasília, 1987.

zombaria das outras crianças e dos adultos também, vagava perdida, e, o pior, perdida de si mesma, uma espécie de menina de ninguém.

Um dia, disse-me Madalena, a avó da menina a procurou pedindo que recebesse a neta na escola, dizendo também que não poderia pagar a quota quase simbólica estabelecida pela direção popular da escola.

"Não creio que haja problema", disse Madalena, "com relação ao pagamento. Tenho, porém, uma exigência para poder aceitar Carlinha: que me chegue aqui limpa, banho tomado, com um mínimo de roupa. E que venha assim todos os dias e não só amanhã". A avó aceitou e prometeu que cumpriria. No dia seguinte Carlinha chegou à sala completamente mudada. Limpa, cara bonita, feições descobertas, confiante.

A limpeza, a cara livre das marcas do sujo, sublinhavam sua presença na sala. Carlinha começou a confiar nela mesma. A avó começou a acreditar também não só em Carlinha mas nela igualmente. Carlinha se descobriu; a avó se *re-descobriu*.

Uma apreciação ingênua diria que a intervenção de Madalena teria sido pequeno-burguesa, elitista, alienada ou, como exigir de uma criança favelada que venha à escola de banho tomado?

Madalena, na verdade, cumpriu o seu dever de educadora progressista. Sua intervenção possibilitou à criança e a sua avó a conquista de um espaço — o de sua dignidade, no respeito dos outros. Amanhã será mais fácil a Carlinha se reconhecer também, como membro de uma classe toda, a trabalhadora, em busca de melhores dias.

Sem intervenção do educador ou da educadora, intervenção democrática, não há educação progressista.

Assim como foi possível a Madalena intervir nas questões ligadas à higiene do corpo que, por sua vez, se estendem à boniteza do corpo e à boniteza do mundo, de que resultou a *descoberta* de Carlinha e a *redescoberta* da avó não há por que não se possa intervir nos problemas a que antes me referia.

Creio que a questão fundamental diante de que devemos estar, educadoras e educadores, bastante lúcidos e cada vez mais competentes é que nossas relações com os educandos são um dos caminhos de que dispomos para exercer nossa intervenção na realidade a curto e a longo prazo. Neste sentido e não só neste, mas em outros também, nossas relações com os educandos, exigindo nosso respeito a eles e a elas, demandam igualmente o nosso conhecimento das condições concretas de seu contexto, contexto que os condiciona. Procurar conhecer a realidade em que vivem nossos alunos é um dever entre outros que a prática educativa nos impõe. Sem conhecer a realidade de nossos alunos não temos acesso à maneira como pensam, dificilmente podemos saber o que sabem e como sabem.

A convicção que tenho é a de que não há temas ou valores de que não se possa falar nesta ou naquela área. De tudo podemos falar e sobre tudo podemos testemunhar. A linguagem que usamos para falar disto ou daquilo e a forma como testemunhamos se acham porém condicionadas pelas condições sociais, culturais e históricas, do contexto onde falamos e testemunhamos. Vale dizer, estão condicionados pela cultura de classe, pela concretude daqueles a quem falamos e com quem falamos e a quem testemunhamos.

Enfatizemos uma vez mais a importância do testemunho. Do testemunho de seriedade, de disciplina no fazer as coisas, de disciplina no estudo. Testemunho no cuidado com o corpo, com a saúde. Testemunho na honradez com que realiza sua tarefa. Na esperança com que luta por seus direitos, na persistência com que *briga* contra o arbítrio. As educadoras e os educadores deste país têm muito o que ensinar, ao lado dos conteúdos, aos meninos e meninas, não importa a que classe pertençam. Têm muito o que ensinar pelo exemplo de combate em favor das mudanças fundamentais de que precisamos, de combate contra o autoritarismo e em favor da democracia.

Nada disso é fácil de ser feito mas isso tudo constitui uma das frentes da luta maior de transformação profunda da sociedade brasileira. Os educadores e educadoras progressistas precisam de convencer-se de que não são puros ensinantes — isso não existe —, puros especialistas da docência. Nós somos militantes políticos porque somos professores e professoras. Nossa tarefa não se esgota no ensino da matemática, da geografia, da sintaxe, da história. Implicando a seriedade e a competência com que ensinemos a matemática, a geografia, a sintaxe e a história nossa tarefa exige de nós o nosso compromisso, o nosso engajamento em favor da superação das injustiças sociais.

É necessário desmascarar a ideologia de um certo discurso neoliberal, chamado às vezes de modernizante, que, falando do tempo histórico atual tenta convencer-nos de que a vida é assim mesmo. Os mais capazes organizam o mundo, produzem; os menos, sobrevivem.[33] E que "essa conversa" de sonho, de utopia, de mudança radical só faz atrapalhar a *labuta incansável* dos que realmente produzem. Deixemo-los trabalhar em paz sem os transtornos que nossos discursos sonhadores podem causar-lhes, e um dia se terá uma grande sobra a ser, então, distribuída.

Esse inaceitável discurso contra a esperança, a utopia e o sonho é o que defende a preservação de uma sociedade, a nossa, que funciona para um terço de sua população, como se fosse possível aguentar por muito tempo um tamanho descompasso. O que me parece que o novo tempo nos coloca é a morte do sectarismo mas a vida da radicalidade.[34] As posturas sectárias nas quais nos pretendemos senhores e proprietários da verdade, que não pode ser contestada, estas sim — que ainda são tomadas em nome da democracia —, têm cada vez menos a ver com este tempo novo. Neste sentido, os partidos progressistas não têm muito a escolher. Ou se recriam ou se reinventam na radicalidade em torno de seus sonhos ou, entregues aos sectarismos castradores, fenecem com seu corpo sufocado no figurino stalinista. Voltam a ser ou não deixam de ser velhos partidos de esquerda, sem alma sem calor, fadados a "morrer de frio". E é uma lástima que esse risco exista.

Voltemos, porém, às relações entre educadoras e educandos. À força e à importância do testemunho da educadora como fator de formação dos educandos. Da

---

[33] A este propósito, ver Paulo Freire, *Pedagogia da esperança*.
[34] A este propósito, ver Paulo Freire, *Pedagogia do oprimido*.

radicalidade com que atua, com que decide, mas, o testemunho que dá, sem dificuldade, de que pode e deve rever a posição que assumiu em face de novos elementos que a fizeram mudar. E será tão mais eficaz o seu testemunho quanto mais lucidamente, de forma objetiva, ela deixar claro aos educandos:

1] que mudar de posição é legítimo.
2] as razões que a fizeram mudar.

Devo salientar aqui não estar pensando de educadores e educadoras que devam ser santos, perfeitos. É exatamente como seres humanos, como gente, com seus valores e suas falhas, que devem testemunhar sua luta pela coerência, pela seriedade, pela liberdade, contra a opressão, pela criação da indispensável disciplina de estudo de cujo processo devem fazer parte como auxiliares pois que é tarefa dos educandos gerá-la em si mesmos.

É fundamental, por outro lado, salientar que, é inaugurado o processo testemunhal pelo educador a pouco e pouco os educandos o vão assumindo também. Esta participação efetiva dos educandos é sinal de que o testemunho da educadora está operando. É possível, porém, que alguns educandos pretendam testar a educadora para certificar-se de se ela é ou não coerente. Seria um desastre se, neste caso, a educadora reagisse mal ao desafio. No fundo, na sua maioria, os educandos que a testam o fazem ansiosos para que ela não os decepcione. O que eles querem é que ela confirme que é verdadeira. Ao testá-la, não estão querendo seu fracasso. Mas há também os que provocam porque querem, o fracasso do educador.

Um dos equívocos da educadora, gerado no seu sentimento de autoestima exorbitante que a faz demasiado orgulhosa, por isso pouco humilde, seria o de sentir-se ferida pela conduta dos educandos, por não admitir que ninguém possa duvidar dela.

Humildemente, pelo contrário, é bom admitir que somos todos seres humanos, por isso, inacabados. Não somos perfeitos e infalíveis.

Me lembro de experiência que tive, recém-chegado do exílio, numa turma de estudantes de pós-graduação da PUC de São Paulo.

No primeiro dia de aula, falando de como via o processo de nossos encontros, me referi a como gostaria de que fossem abertos, democráticos, livres. Encontros em que exercêssemos o direito à nossa curiosidade, o direito de perguntar, de discordar, de criticar.

Uma estudante, em tom agressivo, foi a primeira que falou dizendo mais ou menos que "gostaria de seguir o curso atentamente, que não faltaria a nenhum encontro para ver se o diálogo de que o professor falava seria mesmo vivido".

Quando ela terminou fiz um breve comentário em torno do direito que lhe assistia de duvidar de mim bem como o de expressar publicamente a sua dúvida. A mim, me cabia o dever de provar, ao longo do semestre, que era coerente com o meu discurso.

Na verdade, a jovem senhora jamais faltou a nenhum encontro. Participou seriamente de todos, revelou suas posições autoritárias que deviam embasar sua repulsa a meu passado e a meu presente antigoverno militar. Nunca nos aproximamos mas mantivemos um clima de mútuo respeito até o fim.

No caso dela, o que realmente lhe movia o ânimo é que eu me desdissesse no primeiro dia. E eu não me desdisse. É que não me ofendo se me põem à prova. Não me sinto infalível. Me sei inconcluso. O que me irrita é a deslealdade. É a crítica infundada. É a falta de ética nas acusações.

Em suma, as relações entre educadores e educandos são complexas, fundamentais, difíceis, sobre que devemos pensar constantemente.

Que bom, aliás, seria, se tentássemos criar o hábito de avaliá-las ou de nos avaliar nelas enquanto educadores e educandos também.

Que bom seria, na verdade, se trabalhássemos, metodicamente, com os educandos, a cada par de dias, durante algum tempo que dedicaríamos à análise crítica de nossa linguagem, de nossa prática. Aprenderíamos e ensinaríamos juntos um instrumento indispensável ao ato de estudar: o *registro* dos fatos e o que a eles se prende. A prática de registrar nos leva a *observar, a comparar, a selecionar, a estabelecer relações entre fatos e coisas.* Educadora e educandos se obrigariam, diariamente, a anotar os momentos que mais os haviam, por diferentes razões, também regristrados, desafiado positiva ou negativamente durante o intervalo de um encontro ao outro.

Estou convencido, aliás, de que uma tal experiência formadora poderia ser feita, com nível de exigência adequado à idade das crianças, entre aquelas que ainda não escrevem. Pedir-lhes que falassem de como estão sentindo o andamento de seus dias na escola lhes possibilitaria engajar-se numa prática de educação dos sentidos. Exigiria delas a atenção, a observação, a seleção de fatos. Por outro lado, desenvolveríamos com isto também a sua oralidade que, guardando em si a etapa seguinte, a da *escrita*, jamais dela se deve dicotomizar. A criança que, em condições pessoais normais, *fala* é a criança que *escreve*. Se não escreve, torna-se criança *proibida* de fazê-lo e, só em casos excepcionais, impossibilitada.

Quando Secretário Municipal de Educação vivi uma experiência que jamais poderia esquecer. A de dois encontros com alunos da 5ª série de duas escolas municipais. Em momentos diferentes, durante duas horas, conversei com 50 alunos numa tarde e 40 noutra. A temática central de ambos os encontros era como os adolescentes viam sua escola e que escola eles e elas gostariam de ter. Como se viam e como viam as professoras nas relações que mantinham.

Assim que começamos os trabalhos, no primeiro encontro, um dos adolescentes me indagou: "Paulo, que você acha de uma professora que põe um aluno de pé, 'cheirando' a parede, mesmo que o aluno tivesse feito uma coisa errada, como reconheço que fez?"

"Acho que a professora errou", disse como resposta.

"Que é que você faria se encontrasse uma professora fazendo isso?"

"Espero", disse eu, "que você e seus colegas não suponham que eu devesse fazer o mesmo com a professora. Isto seria um absurdo que jamais cometeria. Convidaria a professora para comparecer no dia seguinte a meu gabinete, juntamente com a diretora da escola, com a coordenadora pedagógica e com alguém mais responsável pela formação permanente das professoras. Em minha conversa com ela lhe pediria que me provasse que seu comportamento era correto, pedagogicamente, cientificamente, humanamente e politicamente. Caso ela não conseguisse provar — o que seria o óbvio — faria então um apelo, ouvindo antes a diretora da escola sobre sua opinião em torno da professora faltosa, no sentido de que não repetisse seu erro."

"Muito bem", disse o garoto. "Mas, e se ela repetisse o mesmo procedimento?"

"Neste caso", respondi, "pediria à assessoria jurídica da Secretaria que estudasse o caminho legal para punir a professora. Aplicaria rigorosamente a lei."

O grupo todo entendeu e eu percebi que aqueles adolescentes não pretendiam um clima licencioso mas recusavam radicalmente o arbítrio, o outro autoritarismo. Queriam relações democráticas, de respeito mútuo. Se recusavam a obediência cega, imposta pelo poder sem limites do autoritário, rejeitavam a irresponsabilidade do vale tudo do espontaneísmo.

Possivelmente alguns deles vieram às ruas, recentemente, com suas caras pintadas gritando que vale a pena sonhar.

No dia seguinte, com o outro grupo, ouvi um comentário de uma adolescente inquieta e numa linguagem bem-articulada: "Eu queria uma escola, Paulo", disse ela, "que não fosse parecida com minha mãe. Uma escola que acreditasse mais nos moços e que não pensasse que uma porção de gente anda à espera da gente só para fazer mal."

Foram quatro horas, nas duas tardes com noventa adolescentes que, sobretudo, reforçaram em mim a alegria de viver e o direito de sonhar.

Oitava carta
"Vim fazer o curso do magistério porque não tive outra possibilidade"

ALGUNS ANOS ATRÁS, convidado por um dos cursos de formação do magistério de São Paulo para uma conversa com as alunas ouvi de várias a afirmação que dá título a esta carta. Mas ouvi também de muitas outras ter optado pelo curso de formação do magistério para, enquanto o faziam, esperar comodamente por um casamento.

Estou absolutamente convencido de que a prática educativa, de que tenho falado tanto ao longo destas páginas e a cuja boniteza e importância tenho me referido tanto também não pode ter para sua preparação as razões de ser ou as motivações referidas. É possível até que muitos ou alguns dos cursos de formação do magistério venham sendo irresponsavelmente puros "caça-níqueis". Isto é possível, mas não significa dever ser a prática educativa uma espécie de *marquise* sob que a gente passa uma chuva. E para passar uma chuva numa marquise não necessitamos de formação. A prática educativa, pelo contrário, é algo muito sério. Lidamos com gente, com crianças, adolescentes ou adultos. Participamos de sua formação. Ajudamo-los ou os prejudicamos nesta busca. Estamos intrinsecamente a eles ligados no seu processo de conhecimento. Podemos concorrer com nossa incompetência, com nossa má preparação, com nossa irresponsabilidade para o seu fracasso. Mas podemos, também, com nossa responsabilidade, com nosso preparo científico e o nosso gosto do ensino, com nossa seriedade e o nosso testemunho de luta contra as injustiças contribuir para que vão se tornando *presenças* marcantes no mundo. Em suma, ainda que não possamos afirmar que aluno de professor incompetente e irresponsável é necessariamente incapaz e faltoso de responsabilidade ou que aluno de professor competente e sério é automaticamente sério e capaz, devemos assumir com honradez nossa tarefa docente, para o que a nossa formação tem que ser levada em conta rigorosamente.

A segunda razão alegada para explicar a opção em favor do curso de formação do magistério coincide com e ao mesmo tempo reforça a ideologia que reduz a professora como profissional à condição de tia. Ideologia que analisei e critiquei na introdução deste livro e a que, de vez em quando, nele fiz referência.

Tenho certeza de que um dos saberes indispensáveis à luta das professoras e professores é o saber que devem forjar neles e nelas, que devemos forjar em nós próprios, da dignidade e da importância de nossa tarefa. Sem este saber, sem esta convicção, entramos na luta por nosso salário, contra o desrespeito com que nos tratam, quase vencidos. Obviamente, reconhecer a importância de nossa tarefa não significa pensar que ela é a mais importante entre todas. Significa reconhecer que ela é fundamental. Algo mais: indispensável à vida social. Eu não posso, porém, formar-me para a docência somente porque não houve outra chance para mim, menos ainda, somente porque, enquanto me "preparo", espero um casamento. Com estas motivações, que sugerem mais ou menos o perfil que faço da prática educativa, fico nela como quem passa uma chuva. Daí que, na maioria dos casos, possivelmente, não veja por que deva lutar. Daí que não me sinta mal com o esvaziamento de minha profissionalidade e aceite ser *avô*, como muitas companheiras e companheiros aceitam ser *tias* e *tios*.

A necessidade que temos para poder lutar cada vez mais eficazmente em defesa de nossos direitos, de ser competentes e de estar convencidos da importância social e política de nossa tarefa, reside no fato de que, por exemplo, a indigência de nossos salários não depende apenas das condições econômico-financeiras do Estado ou das empresas particulares. Tudo isso está muito ligado a uma certa compreensão *colonial* de administração, a uma certa compreensão *colonial* de como lidar com os gastos públicos, de como hierarquizar as despesas, de como priorizar os gastos.

É urgente que superemos argumentos como este: "podemos dar um aumento razoável aos procuradores, pensemos agora ao acaso, porque eles são apenas setenta. Já não podemos fazer o mesmo com as professoras. Elas são vinte mil", suponhamos. Não. Isso não é argumento. O que quero saber primeiro é se as professoras são importantes ou não são. Se seus salários são ou não são insuficientes. Se sua tarefa é ou não é indispensável. E é em torno disso que esta luta, que é difícil e prolongada e que implica a impaciente paciência dos educadores e educadoras e a sabedoria política de suas lideranças, deve insistir. É importante brigarmos contra as tradições coloniais que nos acompanham. É indispensável pelejarmos em defesa da relevância de nossa tarefa, relevância que deve aos poucos, mas tão rapidamente quanto possível, fazer parte do conhecimento geral da sociedade, fazer parte do rol de seus conhecimentos óbvios.

Quanto mais aceitamos ser *tias* e *tios* tanto mais a sociedade estranha que façamos greve e exige que sejamos bem comportados.

Tanto mais, pelo contrário, a sociedade reconhece a relevância de nosso *quefazer* quanto mais nos dará apoio.

É urgente que engrossemos as fileiras da luta pela escola pública neste país. Escola pública e popular, eficaz, democrática e alegre com suas professoras e professores bem pagos, bem formados e permanentemente formando-se. Com salários em distância nunca mais astronáutica, como hoje, em face de que percebem presidentes e gerentes de estatais.

É preciso que façamos deste tema um tema tão nacional e tão fundamental para a presença histórica do Brasil no mundo no próximo milênio que inquietemos a bem-comportada e insensível consciência dos burocratas *ensopados*, dos pés à cabeça, de ideias coloniais, até quando se dizem modernizantes.

Não é possível que continuemos nas vésperas da chegada do novo milênio, com déficits tão alarmantes em nossa educação — o quantitativo e o qualitativo. Com milhares de professores chamados leigos, até em áreas do Sul do país, ganhando às vezes menos da metade de um salário-mínimo. Gente heroica, dadivosa, amorosa, inteligente, mas desprezada pelas oligarquias nacionais.

Não é possível continuarmos a sete anos do próximo milênio com oito milhões de Carlinhos e de Josefas *proibidos* de ter escola e com outros milhões sendo *expulsos* dela e deles ainda se dizendo que se *evadem*.

Não nos espanta, por exemplo, quando sabemos que "até a independência não havia um sistema de instrução" no país. "Não só não havia sistema de instrução popular como as manifestações culturais eram proibidas. Até a chegada da Família Real era proibido o estabelecimento de tipografias no país, sob as mais severas penas."

"Ao ser feita a independência, a nascente nação via-se mergulhada na mais profunda ignorância; o ensino popular então existente não passava de umas tantas escolas salpicadas pelas capitanias. O ensino secundário público era dado nas chamadas "aulas régias" onde se misturava um ensino estéril e pedante de latim, grego, retórica, filosofia racional e moral e coisas semelhantes. O livro era raro e mesmo as pessoas mais qualificadas não possuíam hábito de ler."[35]

É preciso acompanharmos a atuação daquele ou daquela em quem votamos, não importa se para que, se para vereador, deputado estadual, federal, prefeito, senador, governador ou presidente; vigiar seus passos, seus gestos, suas decisões, suas declarações, seus votos, sua omissão, sua conivência com a desvergonha. Cobrar suas

---

[35] B.L. Berlinck, *Fatores adversos na formação brasileira*, 2. ed., São Paulo: Oficinas gráficas da Impressora IPSIS S/A, 1954, p. 233-234.

promessas, avaliá-los com rigor para nele ou nela de novo votar ou negar-lhes o nosso voto. Negar-lhes o nosso voto e comunicar-lhes a razão de nossa posição. Mais ainda, tornar, tanto quanto possível pública, nossa posição.

Se não fôssemos o país do desperdício que estamos sendo e de que tomamos ciência quase diariamente pela imprensa e pela TV, desperdício pelo desaproveitamento do lixo, desperdício pelo desrespeito acintoso à coisa pública, instrumentos de milhões de dólares ao relento ou desusados, desperdício pelas obras iniciadas, hospitais, creches, viadutos, passarelas, edifícios enormes e um dia paralisadas para, pouco tempo depois, darem a impressão de descobertas arqueológicas de velhas civilizações até então sepultadas; desperdício milionário com verduras e frutas nos grandes centros de distribuição do país. Valeria a pena calcular esse desperdício todo e ver o que com ele, se ele não existisse, se faria no campo da educação.

Sei que são coisas como estas, e este passado colonial tão presente no ar que respiramos, no arbítrio dos poderosos, na empáfia de administradores arrogantes que, às vezes, até inconscientemente, explica o sentimento de impotência, o fatalismo com que reagem muitas e muitos de nós. É possível que tudo isso amoleça o ânimo de muita professora que, assim, "aceite" ser *tia* em lugar de assumir-se profissionalmente como professora. Pode ser isso também que, em parte, pelo menos, explique a posição de professorandas que fazem o curso de preparação para o magistério enquanto "esperam um casamento".

Na verdade, o que vale contra esse estado de coisas é a luta política organizada, é a superação de uma compreensão corporativista por parte dos sindicatos, é a vitória sobre as posições sectárias, é a pressão junto aos partidos progressistas, de linha pós-moderna e não de *tradicionalismo esquerdista*. E não deixar-nos cair num fatalismo que, pior do que obstaculizar a solução, reforça o problema.

Chego quase a exitar, pelo óbvio que é, em dizer que, na verdade, estes como quaisquer outros problemas ligados à educação, não são problemas pedagógicos. São problemas políticos e éticos tanto quanto os problemas financeiros o são.

Os recentes desfalques descobertos nos bens dos trabalhadores — Fundo de Garantia por Tempo de Serviço — davam, segundo informação de competente e sério comentarista de uma estação de TV, para construir seiscentas mil casas populares em todo o país.

Quando falta dinheiro para um setor mas não falta para um outro a razão está na política dos gastos. Falta dinheiro, por exemplo, para tornar a vida da favela menos insuportável mas não falta para ligar um bairro rico a outro através de majestoso túnel, por exemplo. Isso não é problema tecnológico. É questão de decisão política. É opção política. E isso nos acompanha ao longo da História. Em 1852, protestando contra o salário do professor primário, quando assumiu pela primeira vez a província do Paraná, o conselheiro Zacarias de Vasconcelos falava do absurdo daquele salário: menos de 800 réis diários.

"A consequência da deficiência das dotações era que o magistério não seduzia", diz Berlinck. Só iria ser professor quem não dava para mais nada, era a sentença repetida por muitos presidentes de províncias. "Se era urgente valorizar", continua Berlinck, "a instrução entre os habitantes do Brasil, dificilmente se poderia descobrir processo menos condizente com essa finalidade do que a parca remuneração dos professores".[36]

Creio que os sindicatos da categoria de trabalhadores do ensino deveriam juntar à sua luta imediata de reivindicação salarial e de melhoria das condições materiais para o bom exercício da docência uma outra, a longo prazo. A que, esmiuçando a política dos gastos públicos, que inclui os descompassos entre o salário dos professores primários e outros profissionais, inclui também as chamadas "vantagens", as comissões e gratificações que, após algum tempo, são incorporadas ao salário.

Em última análise, um sério estudo de política salarial substantivamente democrática, não colonial, com que, de um lado, se fizesse justiça ao magistério neste país, de outro, se sanassem desigualdades aviltantes.

Nos anos 50, visitando o Recife, disse, em entrevista, o padre Lebret, famoso criador de Economia e Humanismo, que entre as coisas que mais o haviam escandalizado entre nós era a distância alarmante entre o salário dos aquinhoados e o salário dos renegados. Hoje, a disparidade continua. Não se pode compreender a desproporção entre o que percebe um Presidente de Estatal, independentemente da importância de seu trabalho e o que recebe uma professora de primeiro grau. Professora de cuja tarefa o Presidente da Estatal de hoje necessitou ontem.

---

[36] Ibidem.

É urgente que o magistério brasileiro seja tratado com dignidade para que possa a sociedade não só esperar mas dele exigir que atue com eficácia.

Seríamos, porém, ingênuos se descartássemos a necessidade da luta política. A necessidade, nesta luta, de esclarecer a opinião pública sobre a situação do magistério em todo o país. A necessidade, nesta luta, de comparar os salários de diferentes profissionais e a disparidade entre eles a que já me referi.

É bem verdade que a educação não é a alavanca da transformação social mas sem ela a transformação social também não se dá.

Nenhuma nação se afirma fora dessa louca paixão pelo conhecimento, sem que se aventure, plena de emoção, na reinvenção constante de si mesma, sem que se arrisque criadoramente.

Nenhuma sociedade se afirma sem o aprimoramento de sua cultura, da ciência, da pesquisa, da tecnologia, do ensino. E tudo isso começa com a pré-escola que, por sua vez, precisa da universidade.

Nona carta
Primeiro dia de aula

NESTA ÚLTIMA CARTA, gostaria de entregar-me, sem espontaneísmo mas com espontaneidade, a uma série de problemas com que não apenas a inexperiente professora mas também a que já vem lidando com sua tarefa, vez ou outra se defronta e a que tem de dar resposta. Não que, ao escrever esta carta, passe por minha cabeça ter eu *a resposta* a ser dada aos problemas ou às dificuldades que irei apontando. Não, também, por outro lado, que não creia ter alguma sugestão útil a dar, produto de minha experiência e de meu conhecimento sistematizado. Se, ao escrever, não só esta carta, mas o livro mesmo, me achasse assaltado pela ideia de que possuo a verdade inteira sobre os diferentes tópicos discutidos, estaria traindo minha compreensão do processo de conhecimento como processo social e inconcluso, como devir. Por outro lado, se julgasse não ter nada com que contribuir para a formação de quem se prepara para assumir-se como professora e de quem já se acha inserida na prática docente não deveria ter escrito o livro, por inútil. Neste sentido, não tendo a *verdade*, o livro *tem verdades* e meu sonho é que elas, provocando ou desafiando as posições assumidas ou sendo assumidas por suas leitoras e leitores, os engajem num diálogo crítico, que tenha como campo referencial sua *prática*, sua compreensão da teoria que a funda e as análises que faço. Jamais escrevi até hoje nenhum livro com a intenção de que fosse o seu conteúdo deglutido por seus possíveis leitores ou leitoras. Daí que tenha insistido tanto, numa das cartas, no indeclinável papel do leitor na produção da inteligência do texto.

Algo mais que gostaria de aclarar: na "andarilhagem" que farei em torno dos temas que tratarei, nas idas e voltas em que os vou pinçando, deverei voltar a alguns antes referidos. Me esforçarei, porém, para, em lugar de redundante, ser esclarecedor.

Começarei por comentar a situação de quem, pela primeira vez, numa circunstância não observada, se expõe inteira aos alunos ao inaugurar sua docência.

Dificilmente este primeiro dia será um dia sem inseguranças, sem timidez, sem inibições, sobretudo se a professora ou o professor mais do que puramente se pensa inseguro está realmente inseguro, se sente tocado pelo *medo* de não ser capaz de conduzir os trabalhos, de contornar as dificuldades. No fundo, de repente, a situação concreta que ela ou ele enfrenta ali na sala não tem nada ou quase nada que ver com as preleções chamadas teóricas que se acostumaram a ouvir nas aulas de seu curso. Às vezes, até que há alguma relação entre o que ouviram e estudaram mas a incerteza demasiado grande que os assalta os deixa aturdidos e confusos. Não sabem como decidir.

Me lembro agora da carta em que falei do *medo* como um direito. Como um direito que tenho mas a que corresponde o dever de educá-lo, o dever de assumi-lo para superá-lo. Assumir o *medo* é não fugir dele, é analisar a sua razão de ser, é medir a relação entre o que o causa e a nossa capacidade de resposta. Assumir o medo é não escondê-lo somente como podemos vencê-lo.

Ao longo de minha vida nunca perdi nada por me expor, expondo meus sentimentos, dentro, obviamente, de certos limites. Em uma situação como esta, creio que, em lugar da expressão falsa de uma falsa segurança, em lugar de um discurso que, de tão dissimulado, desvela nossa fraqueza, o melhor é enfrentar nosso sentimento. O melhor é dizer aos educandos, numa demonstração de que somos humanos, limitados, o que experimentamos na hora. É falar a eles sobre o próprio direito ao *medo*, que não pode ser negado à figura da educadora ou do educador. Tanto quanto o educando, a educadora tem direito a ter *medo*. A educadora não é um ser diferente, invulnerável. É tão gente quanto o educando, tão sentimento e tão emoção quanto o educando. O que a contra indica, em face ao medo, a ser educadora, é a incapacidade de lutar para sobrepujar o *medo* e não o fato de tê-lo ou de senti-lo. O *medo* de como se sair no seu primeiro dia de aula diante, muitas vezes, de alunos já experimentados e que adivinham a insegurança do professor neófito é algo mais do que natural.

Falando de seu medo, de seu receio, de sua insegurança, o educador vai fazendo, de um lado, uma espécie de catarse indispensável ao controle do medo, de outro, vai, possivelmente, ganhando a confiança dos educandos. É que, em lugar de procurar esconder o medo com apelos *autoritários* facilmente reconhecíveis pelos educandos, o professor o manifestou com humildade.

Falando de seu medo se revelou e se assumiu como gente. Testemunhou o seu desejo de aprender também com os educandos. É óbvio, e agora retomo tema antes tratado, que esta postura necessária da educadora em face dos educandos e em função de seu *medo* requer dela a paz que a humildade lhe dá, bem como a certeza de que não a trairá. Mas, requer também profunda confiança — não ingênua, mas crítica — nos outros e uma opção, coerentemente vivida, pela democracia. Uma educadora elitista, autoritária, dessas para quem a democracia dá sintomas de se estar deteriorando quando as classes populares começam a encher as ruas e as praças com seus protestos, jamais entende a humildade de assumir o medo a não ser como covardia. Na verdade, pelo contrário, a assunção do *medo* é o começo de sua transformação em *coragem*.

Outro aspecto fundamental ligado às primeiras experiências docentes das jovens professoras e a que as escolas de formação se não dão deviam dar imensa atenção é o da instrumentação das professorandas ou o de sua formação para a "leitura" da classe de alunos como se fosse a classe um *texto* a ser decifrado, a ser lido, a ser compreendido.

A jovem professora deve estar atenta a tudo, aos mais inocentes movimentos dos alunos, à inquietação de seus corpos, ao olhar surpreso, à reação mais agressiva ou mais tímida deste ou daquele aluno ou aluna.

Os gostos de classe, os valores, a linguagem, a prosódia, a sintaxe, a ortografia, a semântica, quando a professora de classe média assume seu trabalho em áreas periféricas da cidade, tudo isto é quase sempre tão contraditório que choca e assusta a inexperimentada professora. É preciso, porém, que ela saiba que a sintaxe de seus alunos, sua prosódia, seus gostos, sua forma de dirigir-se a ela e a seus colegas, as regras com que brincam ou brigam entre si, tudo isto faz parte do que chamamos sua *identidade cultural* a que jamais falta um corte de classe. E tudo isso tem de ser acatado para que o próprio educando, reconhecendo-se democraticamente respeitado no direito de dizer *menas gente*, possa *aprender* a razão gramatical dominante por que deve dizer *menos gente*.

Boa disciplina intelectual para esse exercício de "leitura" da classe como se fosse um *texto* seria a de criar a professora o hábito, que virasse gosto e não pura obrigação, de fazer fichas diárias com o registro de reações comportamentais, com anotações de frases e seu significado ao lado, com gestos não claramente reveladores de carinho ou de recusa. E por que não sugerir também aos educandos como uma espécie de jogo em que fizessem, em função do domínio de sua linguagem, suas observações também em torno dos gestos da professora, de sua fala, de seu humor, em torno do comportamento de seus colegas, etc. A cada quinze dias se faria uma espécie de seminário avaliativo, com certas conclusões que deviam ser, de um lado, aprofundadas, de outro, postas em prática.

Se quatro professoras conseguissem fazer, numa mesma escola, trabalho como este com suas classes, podemos imaginar o que se conseguiria de crescimento em todos os sentidos entre alunos e professoras.

Uma observação importante a fazer. Se, para a leitura de textos, necessitamos de instrumentos auxiliares de trabalho como dicionários, desde os básicos da língua aos filosófico, etimológico, de regimes de verbos, de substantivos e adjetivos, de sinônimos e antônimos às enciclopédias, para a "leitura" das classes como se fossem textos, precisamos igualmente de instrumentos menos fáceis de usar. Precisamos, por exemplo, de bem *observar*, de bem *comparar*, de bem *intuir*, de bem *imaginar*, de bem *liberar* nossa *sensibilidade*, de *crer* nos outros mas não demasiado *no* que pensamos dos outros. Precisamos exercitar ou educar a capacidade de *observar*, registrando o que observamos. Mas registrar não se esgota no puro ato de fixar com pormenores o observado tal qual para nós se deu. Significa também, e ao lado deste registro, arriscar-nos a fazer algumas observações críticas e avaliativas a que não devemos contudo, emprestar ares de certeza. Todo esse material deve sempre estar sendo estudado e reestudado pela professora que o produz e, por ela e a classe de alunos com quem trabalha. A cada estudo e a cada reestudo que se faça, em diálogo com os educandos, ratificações e retificações se vão fazendo. Cada vez mais a classe como "texto" vai tendo sua "compreensão" produzida por si mesma e pela educadora. E a produção da compreensão atual implica a *re-produção* da compreensão anterior que pode levar a classe, através do conhecimento do conhecimento anterior de si mesma, a um novo conhecimento.

Não temer os sentimentos, as emoções, os desejos e lidar com eles com o mesmo respeito com que nos damos à prática cognitiva da qual não os dicotomizamos. Estar advertidos e abertos à compreensão das *relações* entre os fatos, os dados, os objetos na compreensão do real. Nada disso pode escapar à tarefa docente da educadora no processo de "leitura" de sua classe e com que ela testemunha a seus alunos que sua prática docente não se adstringe apenas ao ensino mecânico dos conteúdos. Mais ainda, que o necessário ensino desses conteúdos não pode prescindir do crítico conhecimento das condições sociais, culturais, econômicas do contexto dos educandos.

E é esse conhecimento crítico do contexto dos educandos que explica mais do que a dramaticidade, tragicidade com que vive um sem número deles e delas. Tragicidade na qual convivem com a morte muito mais do que com a vida e em que a vida passa a ser quase puro pretexto para morrer.

"Você costuma sonhar?", perguntou certa vez um repórter de uma emissora de TV de São Paulo a uma criança de uns dez anos, "boia-fria", no interior do estado. "Não", disse a criança espantada com a pergunta. "Eu só tenho pesadelo."

O mundo afetivo deste sem número de crianças é um mundo roto, quase esfarelado, vidraça estilhaçada. Por isso mesmo essas crianças, por suas razões; outras, por diferentes, precisam de professoras e de professores profissionalmente competentes e amorosos e não de puros *tios* e de *tias*.

Devo refletir: é preciso não ter medo do carinho, não fechar-se à carência afetiva dos seres interditados de estar sendo. Só os mal amados e as mal amadas entendem a atividade docente como um *quefazer* de insensíveis, de tal maneira cheios de *racionalismo* que se esvaziam de vida, de emoção, de sentimentos.

Creio, pelo contrário, que a sensibilidade em face da dor imposta às classes populares brasileiras pelo descaso malvado com que são destratados quando assumida coerentemente nos move, nos empurra; nos estimula à luta política pela mudança radical do mundo.

Nada disso é fácil de ser feito e não gostaria de transmitir a ideia de ligeireza de minha parte dando a impressão aos leitores e leitoras prováveis deste livro de que basta querer para mudar o mundo. Querer é fundamental mas não é suficiente. É preciso também saber querer, aprender a saber querer, que implica aprender a saber lutar politicamente com táticas adequadas e coerentes com os nossos sonhos estratégicos. O que não me parece possível é nada ou muito pouco fazer diante dos descompassos terríveis que nos marcam. E em matéria de contribuir para fazer o mundo, o nosso mundo, menos ruim, não temos por que pensar em modestas ou retumbantes ações. Tudo o que se puder fazer com competência, com lealdade, com clareza, com persistência, somando forças para enfraquecer as forças do desamor, do egoísmo, da malvadez é válido e importante. Neste sentido, é tão válida e necessária a presença atuante de um líder sindical numa fábrica, explicando na madrugada de uma quarta-feira, em frente aos portões da empresa, as razões da greve em processo, quanto indispensável é a prática docente de uma jovem ou madura professora que, numa escola da periferia, falam a seus alunos sobre o direito de defender a sua identidade cultural. O líder operário, no portão da fábrica; a professora, na sua escola, têm ambos muito o que fazer.

Sinto imperiosa necessidade de dizer, por mais redundante que possa parecer, não apenas com relação a este livro mas com tudo o que tenho escrito, que, longe de mim, pretender reduzir a prática educativa progressista a um esforço puramente político-partidário. O que digo é que não pode haver ensino neutro de conteúdos como se estes, em si mesmos, fossem tudo.

Nesta ou noutra carta deste livro, falei na necessidade que tem a professora ou o professor de deixar voar criadoramente sua imaginação, obviamente de forma disciplinada. E isto desde o primeiro dia de aula, demonstrando aos alunos a importância da imaginação em nossa vida. Como a imaginação ajuda a curiosidade, a inventividade, como aguça a aventura, sem o que não criamos. A imaginação naturalmente livre, voando ou andando ou correndo livre. No uso dos movimentos do corpo, na dança, no ritmo, no desenho, na escrita, desde o momento mesmo em que a escrita é *pré-escrita* — é garatuja. Na oralidade, na repetição dos contos que se reproduzem dentro de sua cultura. A imaginação que nos leva a sonhos possíveis como a impossíveis, necessária sempre, porém. É preciso estimular a imaginação dos educandos, usá-la no próprio "desenho" de escola com que eles sonham. Por que não pôr em prática, na própria sala ou classe dos alunos, parte, por exemplo, da escola com que sonham? Por que, ao falar, ao discutir a imaginação, os projetos, os sonhos, não sublinhar aos educandos os obstáculos concretos às vezes intransponíveis no momento para a realização da imaginação. Por que, aproveitando ensaios de imaginação, não introduzir conhecimentos científicos aos quais direta ou indiretamente se acham ligados retalhos da imaginação? Por que não enfatizar o direito a imaginar, a sonhar e a brigar pelo sonho? Porque a imaginação que se entrega ao sonho possível e necessário da liberdade tem de se enfrentar com as forças reacionárias para quem a liberdade lhes pertence como direito exclusivo. Afinal, é preciso deixar claro que a imaginação não é exercício de gente desligada do real, que vive no ar. Pelo contrário, ao imaginarmos algo o fazemos condicionados precisamente pela carência de nosso concreto. Quando a criança imagina uma escola alegre e livre é porque a sua lhe nega liberdade e alegria.

Até antes de deixar o Recife li vários volumes da literatura de cordel em que os poetas exploravam exatamente as carências de seu contexto.

Nunca esqueço de um daqueles livros que descrevia um "cuscuz" com mais de mil metros de altura com que a população de um distrito se banqueteava. Essa não era assim uma imaginação louca mas a loucura de uma população faminta. O sonho que tomava forma na poesia, de maneira abundante, era a expressão de uma concreta falta.

Imaginemos agora uma classe que, com a presença coordenadora, sensível e inteligente da professora, imaginasse, em diálogo, um sistema de princípios disciplinares, de regras abrangentes e que regulassem a vida em grupo da classe. Possivelmente, até, com alguns dos princípios rígidos além da conta. A posta em prática desta "meia constituição" se fundaria num princípio básico — o da possibilidade de, por maioria, se poder alterar o sistema de regras. Haveria, naturalmente, mecanismos reguladores do funcionamento das regras mas tudo com um decisivo gosto democrático. Em sociedade como a nossa, permita-se-me a reiteração — de tradição tão robustamente autoritária, encontrar caminhos democráticos para o estabelecimento de limites à liberdade e à autoridade com que evitemos, de um lado, a licenciosidade que nos leva ao "deixa como está para ver como fica" e, de outro, ao autoritarismo todo-poderoso é algo de relevante importância.

A questão da sociabilidade, da imaginação, dos sentimentos, dos desejos, do medo, da coragem, do amor, do ódio, da pura raiva, da sexualidade, da cognoscitividade nos leva à necessidade de fazer uma "leitura" do corpo como se fosse um texto, nas inter-relações que compõem o seu todo.

Leitura do corpo com os educandos, interdisciplinarmente, rompendo dicotomias, rupturas inviáveis e deformantes.

Minha presença *no* mundo, *com* o mundo e *com* os outros implica o meu conhecimento inteiro de mim mesmo. E quanto melhor me conheça nesta inteireza tanto mais possibilidade terei de, fazendo História, me saber sendo por ela refeito. E, porque fazendo História e por ela sendo feito, como ser *no* mundo e *com* o mundo, a "leitura" de meu corpo como a de qualquer outro humano implica a leitura do espaço.[37] Neste sentido, o *espaço* da classe que acolhe os medos, os receios, as ilusões, os desejos, os sonhos de professoras e de educandos deve se constituir em objeto de "leitura" de professora e de

---

[37] A este propósito, ver Maurice Merleau-Ponty, *Fenomenologia de la percepción*, Barcelona, Editora Altaya, 1993.

educandos, como enfatiza Madalena Freire Weffort.[38] O espaço da classe que se alonga ao do recreio, ao das redondezas da escola, ao da escola toda.

Percebe-se o absurdo do autoritarismo quando concebe e determina que esses espaços todos pertencem por direito, às autoridades escolares, aos educadores e educadoras, não porque simplesmente sejam gente adulta pois gente adulta são também as cozinheiras, os zeladores, os vigias e são puros *servidores* destes espaços. Espaços que não lhes pertencem como não pertencem aos educandos. É como se os educandos estivessem apenas *neles*, mas não *com* eles.

É preciso que a escola progressista, democrática, alegre, capaz repense toda essa questão das relações entre *corpo consciente* e *mundo*. Que reveja a questão da compreensão do *mundo*, enquanto, de um lado, produzindo-se historicamente no mundo mesmo, de outro, sendo produzida pelos *corpos conscientes* em suas interações com ele. Creio que desta compreensão da compreensão resultará uma nova maneira de entender o que é ensinar, o que é aprender, o que é conhecer de que Vygotsky não pode estar ausente.

---

[38] Em conversa com o autor.

Décima carta
MAIS UMA VEZ A QUESTÃO DA DISCIPLINA

EM UMA DE MINHAS CARTAS me referi à necessidade da disciplina intelectual a ser construída pelos educandos em si mesmos, e em si mesmas, com a colaboração da educadora. Disciplina sem a qual o trabalho intelectual, a leitura séria de textos, a escrita cuidada que a gente vai aprendendo a metodizar, a produzir, a observação dos fatos, sua análise, o estabelecimento de relações entre eles, nada disso se cria. E tudo isso a que não falte o gosto da aventura, da ousadia, mas a que não falte igualmente a noção do limite, para que a aventura e a ousadia de criar não virem irresponsabilidade licenciosa. É preciso, por outro lado, afastar a ideia em torno da existência de disciplinas diferentes e separadas. Uma, a intelectual, de que falamos agora, a outra, por exemplo, a disciplina do corpo, a que tem que ver com horários para exercícios, a disciplina do atleta. Uma outra, a disciplina ético-religiosa, etc. O que pode haver é que determinados objetivos exijam caminhos disciplinares diferentes. O fundamental porém é que, se sadia a disciplina exigida, se sadia a compreensão da disciplina, se democrática a forma de criá-la e de vivê-la, se sadios os sujeitos forjadores da indispensável disciplina ela é sempre algo que implica a experiência dos limites, o jogo contraditório entre a autoridade e a liberdade e jamais prescinde de sólida base ética. Neste sentido jamais pude compreender que, em nome de nenhuma ética, possa a autoridade impor uma disciplina absurda simplesmente para exercitar na liberdade *acomodando-se* a sua capacidade de ser leal, a experiência de uma obediência castradora.

Não há disciplina no *imobilismo*, quer dizer, na autoridade indiferente, fria, distante, que entrega à liberdade os destinos de si mesma. Na autoridade que se demite em nome do respeito à liberdade. Mas não há também disciplina no *imobilismo* da *liberdade*, à qual a autoridade impõe sua vontade, suas preferências como sendo as melhores para a liberdade. Imobilismo a que se submete a liberdade intimidada ou *movimento* da pura sublevação. Só há disciplina, pelo contrário, no *movimento* contraditório entre a *coercibilidade* necessária da autoridade e o gosto e a busca desperta da liberdade para assumir-se. Por isso é que a autoridade que se hipertrofia em autoritarismo ou se atrofia em licenciosidade, perdendo o *sentido* do *movimento*, se perde a si mesma e ameaça a liberdade. Na hipertrofia da autoridade seu *movimento* se robustece a tal ponto que *imobiliza* ou *distorce* totalmente o *movimento* da liberdade. A liberdade imobilizada por uma autoridade atrabiliária ou chantagista é a liberdade que não se tendo assumido se perde na falsidade de *movimentos* inautênticos.

Para que haja disciplina é preciso que a liberdade não apenas tenha o direito mas o exerça de dizer não ao que se lhe propõe como a verdade e o certo. A liberdade precisa aprender a afirmar negando, não por puro negar, mas como critério de certeza. É neste *movimento* de ida e volta que a liberdade termina por internalizar a autoridade e se torna uma liberdade *com* autoridade somente como, enquanto autoridade, respeita a liberdade.

A responsabilidade que temos todos e todas, enquanto seres sociais e históricos, portadores de uma subjetividade que joga papel importante na história, no processo deste *movimento* contraditório entre autoridade e liberdade é de indiscutível importância. Responsabilidade política, social, pedagógica, ética, estética, científica. Mas, ao reconhecer a responsabilidade política, superemos a politiquice, ao sublinhar a responsabilidade social, digamos *não* aos interesses puramente individualistas, ao reconhecermos os deveres pedagógicos, deixemos de lado as ilusões pedagogistas, ao demandar a eticidade, fujamos da *feiura* do *puritanismo* e nos entreguemos à invenção da *boniteza* da pureza. Finalmente ao aceitarmos a responsabilidade científica, recusemos a distorção cientificista.

Talvez algum leitor ou leitora mais "existencialmente cansado" e "historicamente anestesiado"[39] diga que eu estou sonhando demasiado. Sonhando, sim, pois que, como ser histórico se não sonho não posso estar sendo. Demasiado, não. Acho até que sonhamos pouco com esses sonhos, tão fundamentalmente indispensáveis à vida ou à solidificação de nossa democracia. A disciplina no ato de ler, de escrever, de escrever e de ler, no de ensinar e aprender, no processo prazeroso mas difícil de conhecer; a disciplina no respeito e no trato da coisa pública; no respeito mútuo.

---

[39] A propósito de "cansaço existencial" e "anestesia histórica", ver Paulo Freire, *Pedagogia da esperança*.

Não vale dizer que, enquanto professor ou professora, não importa o grau em que trabalhe, pouca importância terá o que eu faça ou não faça. Pouca importância terá em vista do que os poderosos fazem em favor de si mesmos e contra os interesses nacionais. Esta não é uma afirmação ética. É simplesmente interesseira e acomodada. Pior é que, se acomodado, imobilizados minha *imobilidade* se converte em motor de mais desvergonha. Minha imobilidade produzida ou não por motivos fatalistas, funciona como eficaz ação em favor das injustiças que se perpetuam, dos descalabros que nos afligem, do retardamento de soluções urgentes.

Não se recebe democracia de presente. Luta-se pela democracia. Não se rompem as amarras que nos proíbem de ser com *paciência bem-comportada*, mas com Povo mobilizando-se, organizando-se, conscientemente crítico. Com as maiorias populares não apenas *sentindo* que vêm sendo exploradas desde que se inventou o Brasil mas também juntando ao *sentir* o *saber* que estão sendo exploradas o *saber* que lhes dá a *raison d'être* do fenômeno que alcançam preponderantemente ao nível da sensibilidade dele.

Gostaria aqui de deixar claro que, ao falar em *sensibilidade do fenômeno* e em *apreensão crítica do fenômeno* não estou, de modo nenhum, sugerindo sequer, nenhuma ruptura entre *sensibilidade, emoções* e *atividade cognoscitiva*. Já disse que conheço com meu corpo inteiro: sentimentos, emoções, mente crítica.

Deixemos claro, também que Povo mobilizando-se, Povo organizando-se, Povo conhecendo em termos críticos, Povo aprofundando e solidificando a democracia contra qualquer aventura autoritária é Povo igualmente forjando a necessária disciplina sem a qual a democracia não funciona. No Brasil, quase sempre, oscilamos entre a ausência da disciplina pela negação da liberdade ou a ausência de disciplina pela ausência da autoridade.

Falta-nos disciplina em casa, na escola, nas ruas, no tráfego. O número dos que e das que morrem, nos fins de semana, por pura indisciplina, o que o país gasta nesses acidentes, nos desastres ecológicos, é algo assombroso.

Outra falta de respeito ostensivo aos outros, tão nefasta quanto a maneira como vimos sendo indisciplinados, é a licenciosidade, a irresponsabilidade com que se mata impunemente neste país.

Enquanto classes dominadas e exploradas no sistema capitalista, as classes populares precisam, ao mesmo tempo que se engajam no processo de formação de uma disciplina intelectual, de ir criando uma disciplina social, cívica, política, absolutamente indispensável à democracia que vá mais além da pura democracia, burguesa e liberal. Uma democracia que, afinal, persiga a superação dos níveis de injustiça e de irresponsabilidade do capitalismo.

Esta é uma das tarefas a que devemos nos entregar se educadoras ou educadores progressistas entre nós e não à mera tarefa de *ensinar*, no sentido errôneo de *transmitir* o saber aos educandos.

O professor deve ensinar. É preciso fazê-lo. Só, porém, que *ensinar* não é *transmitir* conhecimento. Para que o ato de ensinar se constitua como tal é preciso que o ato de *aprender* seja precedido do ou concomitante ao ato de *apreender* o conteúdo ou o objeto cognoscível, com que o *educando se torna produtor também do conhecimento* que lhe foi ensinado.

Só na medida em que o educando se torne sujeito cognoscente e se assuma como tal, tanto quanto sujeito cognoscente é também o professor, é possível ao educando tornar-se sujeito produtor da significação ou do conhecimento do objeto. É neste *movimento* dialético que *ensinar* e *aprender* se tornam ou vão se tornando *conhecer* e *reconhecer*. O educando vai *conhecendo* o ainda não conhecido e o educador, *re-conhecendo* o antes sabido.

Esta forma de não apenas compreender o processo de en-sinar e de aprender mas de vivê-la exige a disciplina de que tenho falado e de que venho falando. Disciplina que não pode dicotomizar-se da outra, a política, indispensável à invenção da cidadania. Sim, a cidadania, sobretudo numa sociedade como a nossa, de tradições tão robustamente autoritárias e elitistas, discriminatórias do ponto de vista do sexo, da raça e da classe, a cidadania é mesmo uma *invenção*, uma *produção política*. Neste sentido, o exercício pleno da cidadania por aqueles e aquelas que sofrem qualquer das discriminações ou todas a um só tempo não é algo de que usufruam como direito pacífico e reconhecido. Pelo contrário, é um direito a ser alcançado e cuja conquista faz aumentar ou crescer substantivamente a democracia. A cidadania que implica o uso de liberdades — liberdade de trabalhar, de comer, de vestir, de calçar, de dormir em uma casa, de manter-se e à família, liberdade de amar, de ter raiva, de chorar, de protestar, de apoiar, de locomover-se, de participar desta ou daquela religião, deste ou daquele partido, de educar-se e à família, liberdade de banhar-se não importa em que mar de seu país — a cidadania não chega por acaso.

É uma construção que, jamais terminada, demanda briga por ela. Demanda engajamento, clareza política, coerência, decisão. Por isso mesmo é que uma educação democrática não se pode realizar à parte de uma educação da e para a cidadania.

Quanto mais respeitarmos os alunos e alunas independentemente de sua cor, de seu sexo, de sua classe social, quanto mais testemunho dermos de respeito em nossa vida diária, na escola, em nossas relações com nossos colegas, com zeladores, cozinheiras, vigias, pais e mães de alunos; quanto mais diminuirmos a distância entre o que dizemos e o que fazemos, tanto mais estaremos contribuindo para o fortalecimento de experiências democráticas. Estaremos desafiando-nos a nós próprios a mais lutar em favor da cidadania e de sua ampliação. Estaremos forjando em nós a indispensável disciplina intelectual sem a qual obstaculizamos nossa formação bem como a não menos necessária disciplina política, indispensável à luta para a invenção da cidadania.

Último texto
Saber e crescer: tudo a ver

Resolvi fechar este livro com este texto, apresentado num congresso realizado no Recife, no ano passado, e em que, repetindo algumas análises em torno do *contexto concreto*, o da cotidianidade, mais clarifica o conceito do que pode entediar o leitor ou leitora.

Refletir sobre o tema implícito na frase é a tarefa que me foi proposta pelos organizadores deste encontro.

O ponto de partida de minha reflexão deve incidir na frase mesma, tomada como objeto de minha curiosidade epistemológica. Isto significa, então, procurar, num primeiro momento, apreender a inteligência da frase que, por sua vez, demanda a compreensão que as palavras têm nela, em suas relações umas com as outras.

Em primeiro lugar, nos defrontamos na frase com dois blocos de pensamento: *saber e crescer* e *tudo a ver*. Os dois verbos do primeiro bloco que poderiam ser substituídos por dois substantivos, *sabedoria* e *crescimento*, se acham ligados pela partícula aproximativa de natureza coordenativa *e*. No fundo, estes dois blocos guardam em si a possibilidade de um desdobramento de que resultaria: os processos de saber e de crescer, ou o processo de saber e o processo de crescer têm tudo a ver um com o outro. Ou ainda, o processo de saber implica o de crescer. Não é possível saber sem uma certa forma de crescimento. Não é possível crescer sem uma certa forma de sabedoria.

Saber é um verbo transitivo. Um verbo que expressa uma ação que, exercida por um sujeito, incide ou recai diretamente num objeto sem regência preposicional. Daí que o complemento deste verbo se chame objeto direto. Quem sabe sabe *alguma coisa*. Só eu sei a *dor* que me fere. *Dor* é o objeto direto de *sei*, a incidência de minha ação de saber.

Crescer, ao contrário, é um verbo *intransitivo*. Não necessita de complementação que sele sua significação. O que se pode fazer e quase sempre se faz, em função das exigências do pensar do sujeito, com a significação de verbos assim, é juntar a ela elementos ou significações circunstanciais, adverbiais. Cresci *sofridamente*. Cresci *mantendo viva minha curiosidade* em que *sofridamente* e *mantendo viva minha curiosidade* adverbializam modalmente meu processo de crescer.

Fixemo-nos agora, um pouco, no processo do saber.

Uma afirmação inicial que poderemos fazer ao nos indagar em torno do processo de saber, tomado agora como fenômeno vital é que, em primeiro lugar, ele se dá na vida e não apenas na existência que nós, mulheres e homens, criamos ao longo da história, com os materiais que a vida nos ofereceu. Mas, é o saber de que nos tornamos capazes de gestar que nos interessa aqui e não de certo tipo de reação que se verifica nas relações que se dão na vida não humana.

No nível da existência, a primeira afirmação a ser feita é a de que o processo de saber é social, de que, porém, a dimensão individual não pode ser esquecida ou sequer subestimada.

O processo de saber, que envolve o corpo consciente todo, sentimentos, emoções, memória, afetividade, mente curiosa de forma epistemológica, voltada ao objeto, envolve igualmente outros sujeitos cognoscentes, quer dizer, capazes de conhecer e curiosos também. Isto significa simplesmente que a relação chamada cognoscitiva não se encerra na relação sujeito cognoscente-objeto cognoscível porque se estende a outros sujeitos cognoscentes.

Outro aspecto que me parece interessante sublinhar aqui é o que diz respeito à maneira espontânea com que nos movemos no mundo,[40] de que resulta um certo tipo de saber, de perceber, de ser sensibilizado pelo mundo, pelos objetos, pelas presenças, pela fala dos outros. Nesta forma espontânea de nos mover no mundo percebemos as coisas, os fatos, sentimo-nos advertidos, temos este, aquele comportamento em função dos sinais, cujo significado internalizamos. Ganhamos deles um saber imediato mas não apreendemos a *razão de ser* fundamental dos mesmos. Nossa mente, neste caso, na orientação espontânea que fazemos no mundo, não opera epistemologicamente. Não se direciona criticamente, indagadoramente, metodicamente, rigorosamente ao mundo ou aos objetos a que se inclina. Este é o saber chamado de experiência feito, a que falta, porém, o crivo da criticidade. É a sabedoria ingênua, do senso comum, desarmada de métodos rigorosos de aproximação ao objeto, mas que, nem por isso, pode ou deve ser

---
[40] Karel Kosik, *Dialética do concreto*, Rio de Janeiro, Paz e Terra, 1976.

por nós desconsiderada. Sua necessária superação passa pelo respeito a ela e tem nela o seu ponto de partida.

Talvez seja interessante tomar uma manhã nossa como objeto de nossa curiosidade e perceber a diferença entre estas duas maneiras de nos mover no mundo: a espontânea e a sistemática.

Amanhecemos. Despertamos. Escovamos os dentes. Tomamos o primeiro banho do dia a que se segue o café da manhã. Conversamos com a mulher ou a mulher com o marido. Informamo-nos das primeiras notícias. Saímos de casa. Andamos na rua. Cruzamos com pessoas que vão, que voltam. Paramos no semáforo. Esperamos a luz verde cuja significação aprendemos na infância e em momento nenhum nos perguntamos ou nos indagamos em torno de nada das coisas que fizemos. Dos dentes que escovamos, da ducha que tomamos, do café que bebemos (a não ser que tenhamos reclamado algo que saiu da rotina), da cor vermelha do semáforo por causa da qual paramos sem também nos perguntar. Em outras palavras: imersos na cotidianidade, marchamos nela, nas suas "ruas", nas suas "calçadas". Sem maiores necessidades de nos indagar sobre nada. Na cotidianidade nossa mente não opera epistemologicamente.

Se prosseguirmos um pouco mais na análise da cotidianidade desta manhã que estamos analisando ou em que nos analisamos, observaremos que, para havermos tomado uma manhã qualquer nossa, como objeto de nossa curiosidade foi necessário que o fizéssemos fora da experiência da cotidianidade. Foi preciso que dela emergíssemos para então "tomarmos distância" dela ou da maneira como nos movemos no mundo em nossas manhãs. É interessante observar, também, que é, na operação de "tomar distância" do objeto, que dele nos "aproximamos". A "tomada de distância" do objeto é a "aproximação" epistemológica que a ela fazemos. Só assim podemos "admirar" o objeto, no nosso caso, a *manhã*, em cujo tempo analisamos como nos movemos no mundo.

Nos dois casos aqui referidos me parece fácil perceber a diferença substantiva de posição que ocupamos, enquanto "corpos conscientes", movendo-nos no mundo. No primeiro caso, aquele em que me vejo de acordo com o relato que eu mesmo faço em torno de como me movo na manhã e, no segundo, o em que me percebo como o sujeito que descreve seu próprio mover-se. No primeiro momento, o da experiência da e na cotidianidade, como quase deixei explícito antes, meu corpo consciente se vai expondo aos fatos, aos feitos, sem contudo, interrogando-se sobre eles, alcançar a sua "razão de ser". Repito que o saber — porque também o há — que resulta destas tramas é o de pura experiência feito. No segundo momento, o em que nossa mente opera epistemologicamente, a rigorosidade metodológica com que nos aproximamos do objeto, tendo dele "tomado distância", isto é, tendo-o objetivado, nos oferece um outro tipo de saber. Um saber cuja exatidão proporciona ao investigador ou ao sujeito cognoscente uma margem de segurança que inexiste no primeiro tipo de saber, o do senso comum.

Isto não significa, de modo nenhum, que devamos menosprezar este saber ingênuo cuja superação necessária passa pelo respeito a ele.

No fundo, a discussão sobre estes dois saberes implica o debate sobre prática e teoria que só podem ser compreendidas se percebidas e captadas em suas relações contraditórias. Nunca isoladas, cada uma em si mesma. Nem teoria só nem prática só. Por isso é que estão erradas as posições de natureza político-ideológica, sectárias, que, em lugar de entendê-las em sua relação contraditória exclusivizam uma ou outra. O *basismo*, negando validade à teoria; o elitismo teoricista, negando validade à prática. A rigorosidade com que me aproximo dos objetos me proíbe de inclinar-me a nenhuma destas posições: nem "basismo" nem elitismo, mas prática e teoria iluminando-se mutuamente.

Pensemos agora um pouco sobre *crescer*. Tomemos crescer como objeto de nossa inquietação, de nossa curiosidade epistemológica. Mais do que sentir ou ser tocado pela experiência pessoal e social de crescer, procuremos a inteligência radical do conceito. Seus ingredientes. Emerjamos da cotidianidade em que "cruzamos" *com* e vivemos *a* experiência de crescer, tal qual esperamos a luz verde para atravessar a rua, quer dizer, sem nada nos perguntar. Emerjamos da cotidianidade e com a mente curiosa, indaguemo-nos sobre o *crescer*.

Em primeiro lugar, ao tomar o conceito como objeto de nosso saber, percebemos, num primeiro acercamento, que ele se revela a nós como um fenômeno vital, cuja experiência insere seus sujeitos num movimento dinâmico. A imobilidade no crescimento é enfermidade e morte.

Crescer faz parte assim da experiência vital. Mas exatamente porque mulheres e homens, ao longo de uma longa história, terminamos por nos tornar capazes de, aproveitando os materiais que a vida nos ofereceu, criar com eles a *existência humana* — a linguagem, o mundo simbólico da cultura — a história —, crescer em nós, ou entre nós ganha uma significação que ultrapassa *crescer* na pura vida. Crescer entre nós é algo mais que crescer entre as árvores ou entre os animais, que, diferentemente de nós, não podem tomar seu próprio crescimento como objeto de sua "pre-ocupação". Crescer entre nós é um processo sobre o qual podemos intervir. O ponto de decisão do crescimento humano não se acha na espécie. Nós somos seres indiscutivelmente *programados* mas, de modo nenhum, *determinados*. E somos programados sobretudo *para aprender*, como salienta François Jacob.[41]

É o crescer entre nós a que se refere a proposta que me foi feita para falar hoje a vocês. E não o crescer das árvores ou dos filhos recém-nascidos de Andra e de Jim, nosso casal de pastores alemães.

E precisamente porque, como afirmei momentos antes, nos tornamos capazes de inventar nossa existência, algo mais do que a vida que ela implica mas suplanta, crescer entre nós se torna ou vem se tornando muito mais complexo e problemático, no sentido rigoroso deste adjetivo, do que crescer entre as árvores e os outros animais.

Um dado importante, como ponto de partida para a compreensão crítica do crescer entre nós, existentes, é que, "programados para aprender", vivemos ou experimen-

---

[41] François Jacob, "Nous sommes programmés, mais pour apprendre", *Le Courrier de L'UNESCO*.

tamos ou nos achamos abertos a experimentar a relação entre o que herdamos e o que adquirimos. Tornamo-nos seres gene-culturais. Não somos apenas *natureza* nem tampouco somos apenas cultura, educação, cognoscitividade. Por isso, crescer entre nós, é uma experiência atravessada pela biologia, pela psicologia, pela cultura, pela história, pela educação, pela política, pela estética, pela ética.

É ao crescer como totalidade que cada uma de nós e cada um de nós é, que se chama às vezes, em discursos adocicados, "crescimento harmonioso do ser", sem, porém, a disposição da luta pelo "crescimento harmonioso do ser", a que devemos aspirar.

Crescer fisicamente, normalmente, com o desenvolvimento orgânico indispensável; crescer emocionalmente equilibrado; crescer intelectualmente através da participação em práticas educativas quantitativa e qualitativamente asseguradas pelo Estado; crescer no bom gosto diante do mundo; crescer no respeito mútuo, na superação de todos os obstáculos que proíbem hoje o crescimento integral de milhões de seres humanos espalhados pelos diferentes mundos em que o mundo se divide, mas, sobretudo, no Terceiro.

São impressionantes as estatísticas de órgãos insuspeitos como o Banco Mundial e o UNICEF que, em seus relatórios de 1990 e 1991, respectivamente, nos falam da miséria, da mortalidade infantil, da ausência de educação sistemática; do número alarmante — 160 milhões de crianças — que morrerão no Terceiro Mundo de sarampo, de coqueluche, de subnutrição. O relatório do UNICEF chega a referir-se a estudos já feitos no sentido de evitar uma total calamidade na década em que estamos. Dois bilhões e meio de dólares seriam suficientes. A mesma quantia, conclui o relatório de forma um tanto pasma, que empresas norte-americanas gastam por ano para vender mais cigarros.

Que o saber tem tudo a ver com o crescer, tem. Mas é preciso, absolutamente preciso, que o saber de minorias dominantes não proíba, não asfixie, não castre o crescer das imensas maiorias dominadas.

Paulo Freire
São Paulo
26-4-1992

Títulos de Paulo Freire editados pela Paz e Terra

À sombra desta mangueira

Ação cultural para a liberdade – e outros escritos

A África ensinando a gente – Angola, Guiné-Bissau, São Tomé e Príncipe (Paulo Freire e Sérgio Guimarães)

Alfabetização: leitura do mundo, leitura da palavra (Paulo Freire e Donaldo Macedo)

Aprendendo com a própria história (Paulo Freire e Sérgio Guimarães)

Cartas a Cristina – reflexões sobre minha vida e minha práxis

Cartas à Guiné-Bissau – registros de uma experiência em processo

Dialogando com a própria história (Paulo Freire e Sérgio Guimarães)

Educação como prática da liberdade

Educação e mudança

Educar com a mídia – novos diálogos sobre educação (Paulo Freire e Sérgio Guimarães)

Extensão ou comunicação?

Lições de casa – últimos diálogos sobre educação (Paulo Freire e Sérgio Guimarães) (Título anterior: Sobre educação – Lições de casa)

Medo e ousadia – o cotidiano do professor (Paulo Freire e Ira Shor)

Nós dois (Paulo Freire e Nita Freire)

Partir da Infância – diálogos sobre educação (Paulo Freire e Sérgio Guimarães)

Pedagogia da autonomia – saberes necessários à prática educativa

Pedagogia da esperança – um reencontro com a Pedagogia do oprimido

Pedagogia da indignação – cartas pedagógicas e outros escritos

Pedagogia da libertação em Paulo Freire (Nita Freire, et al.)

Pedagogia da solidariedade (Paulo Freire, Nita Freire e Walter Ferreira de Oliveira)

Pedagogia da tolerância

Pedagogia do compromisso – América Latina e Educação Popular

Pedagogia do oprimido

Pedagogia dos sonhos possíveis

Política e educação

Por uma pedagogia da pergunta (Paulo Freire e Antonio Faundez)

Professora, sim; tia, não

Este livro foi composto na tipografia Dante MT Std, em corpo 12/15, e impresso em papel off-white no Sistema Digital Instant Duplex da Divisão Gráfica da Distribuidora Record.